GLOSSAIRE

DES

DOCUMENTS DE L'HISTOIRE

DE LA

COMMUNAUTÉ DES MARCHANDS FRÉQUENTANT LA RIVIÈRE DE LOIRE

ET AUTRES FLEUVES DESCENDANT EN ICELLE

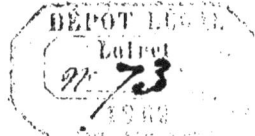

Par M. MANTELLIER

PRÉSIDENT A LA COUR IMPÉRIALE D'ORLÉANS

PARIS

A. DURAND ET PEDONE LAURIEL, LIBRAIRES

9, RUE CUJAS, 9

—

1869

Je fais observer que l'indication du siècle, placée en tête de chaque article du *Glossaire,* donne la date du document auquel j'ai emprunté le mot faisant l'objet de l'article, mais ce document est souvent un imprimé d'ancienne pancarte de péage pouvant reproduire des mots déjà tombés en désuétude, V. par exemple, le mot *charnas.*

(1) Orléans, Jacob, 1864-69, 1 vol. in-8º, avec planche, accompagné de 2 vol. de documents. Extraits des mémoires de la société archéologique de l'Orléanais. t. VII, VIII et X.

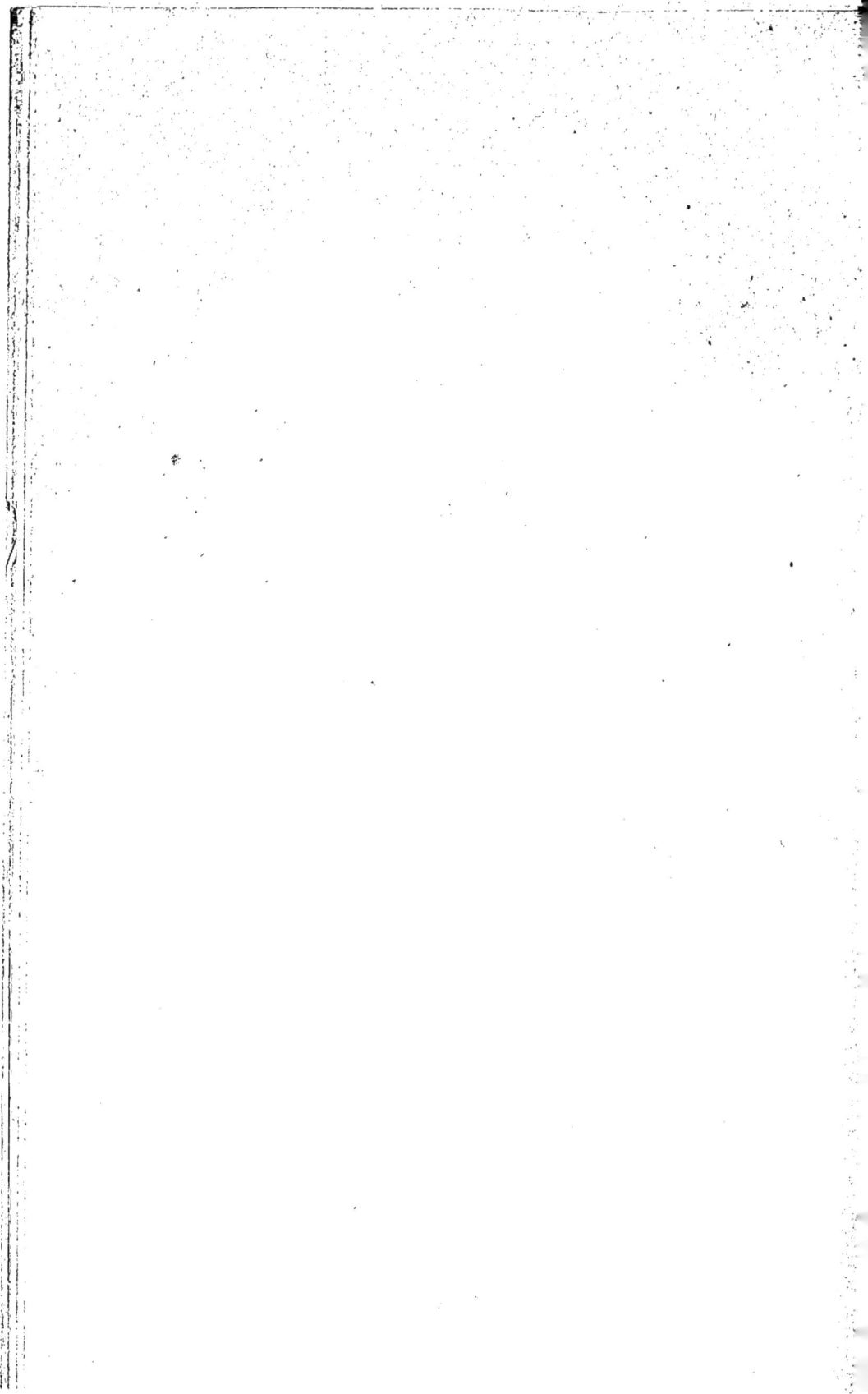

GLOSSAIRE

ABRÉVIATIONS.

M. F. — Marchands fréquentant la rivière de Loire et autres fleuves descendant en icelle.

P. R. — Tarif et manière de lever les péages le long de la rivière du Rône, depuis Lyon jusques en la mer. Lyon, Julliéron, 1708, in-12.

P. S. — Réglement général des péages qui se lèvent le long de la rivière de Saône. Lyon, Barbier, 1672 in-12.

GLOSSAIRE

A

ABAS (Pays d'), XVIᵉ s. Nom donné par les riverains de la Loire à la partie de la vallée du fleuve qui est inférieure à celle qu'ils habitaient, par opposition à *pays d'amont* : « aux clercs des déléguez du pays d'abas, xiij l. x s., aux clercs des déléguez du pays d'amont, vj l. t. » On disait également *vent d'abas*, on dit aujourd'hui *pays bas*, *vent bas*. *Abas* s'est conservé cependant dans une acception astronomique : en Orléanais, en Touraine, en Anjou, en Bretagne, où la Loire coule du nord-est au sud-ouest, les mots *amont* et *abas* servent à désigner ces points de l'horizon et sont devenus synonymes des dénominations de *nord-est*, *sud-ouest*; ils les remplacent sur la plupart des plans de propriétés, et constamment on les emploie dans les actes pour fixer l'orientation des immeubles. C'est ainsi qu'on dit d'un champ, qu'il tient d'amont (nord-est) à..., d'abas (sud-ouest) à..., de galerne (nord-ouest) à..., de solaire (sud-est) à... De *a* pour *en*, et *bas*. II, 335, 346, 515. V. galerne et avaller.

ABILLEMENS, XIVᵉ s. Habillements, agrès de bateau : « chalans, apparaux et abillemens. » Blas., *navire habillé*, qui est muni de voiles et cordages. D'*habiller*, *habiliter*, préparer, apprêter, rendre habile à.., du lat. *habilitare*, *habilis*. II, 192.

ABUTRER, XVIᵉ s. Abuter, arriver à but, à fin, terminer, régler, arrêter le prix des vins par exemple, en fixer la mercuriale : « chalan doit... et oultre, le pris que vault une jallaye de vin à Champtocé, au jour de la Saint-Martin d'hiver, ainsi qu'il est abutré celluy jour. » De *à* et *but*. III, 278.

ACCORDABLEMENT, XVIᵉ s. Unanimement : « tous les assistans accordablement d'une voix, ont déclaré.... » D'*accord*. II, 127.

ACCROLLÉ, v. acrollé.

ACENSEUR, XVIᵉ s. Celui qui a pris une chose à cens, un péage notamment, et qui en perçoit le denier au nom du seigneur péager; fermier d'un péage : « seroit payé à mondit seigneur, à ses commis et acenseurs. » De *cens*, lat. *census*. III, 89.

ACERTAINÉ (être), XVIᵉ s. Être rendu certain, avoir reçu l'assurance, acquis la certitude d'un fait :

« après avoir esté deuement acertainez que les déléguez à Orléans n'estoient causes... » D'*acertainer*, du lat. *certus*. II, 40.

ACHEREAU , XVIᵉ s. Hachereau, hache, petite hache : « cinq congnées et ung petit achereau. » De hache , all. *hacke*. Ailleurs, *asceriau*, *aisceau*, *aissette*, *aiscette*, *asciau*, aujourd'hui encore dans le Lyonnais *ascie*, doloire, du lat. *ascia*. II, 455.

ACOUSTUMÉ (avoir), XVᵒ s. Être accoutumé, avoir à coutume, appliqué aux choses aussi bien qu'aux personnes : « exceptez seullement ceulx (les péages) qui ont acoustumé estre levez d'ancienneté. » De *a* et *coustume*, bas lat. *coustuma , costuma , costumia*, du lat. *consuetudo*. II, 13, 15, 16 ; III, 13.

ACQUIT, XVIᵉ s. Droit de péage, de ce qu'en le payant, on acquittait la marchandise transportée : « par quoy appert que lesd. paiagiers lièvent led. acquit à leurs plaisirs. » II, 67. V. acquitable.

ACQUITABLE , XVIᵉ s. Tenu d'acquitter, de payer, acquit, péage : « chalan menant denrées acquitables. » Du bas lat. *acquitare*, *debita solvere*, même verbe mais dans une acception différente que *acquitare*, *quietum facere*, DU CANGE. III, 226. V. acquit.

ACQUITTEUR, ACQUITEUR , XVᵉ s. Préposé à la levée d'un subside, d'un péage , chargé d'en donner acquit. D'*acquitter*. II, 67. V. acquitable.

ACROLLÉ , ACCROLLÉ, XVᵉ s. Secoué, ébranlé , dégradé : « ou dit pont (d'Orléans), duquel a esté abattu grant partie par les glaces et acrollé le demourans ; — fort accrollé (le même pont) par les glaces. » Dans le même sens *dégrolé*. De *croller, crouler, grouler*, bas lat. *crollare , grollare*. III, 78, 149.

ADDRESSANT, v. adressant.

ADOS, v. hadoux.

ADOT, v. hadoux.

ADRESSANT , ADDRESSANT, XVᵉ s. Adressé : « en vertu de laquelle nostre permission , adressant à nostre séneschal d'Anjou ; — lettres addressantes esdits maire et eschevins. » A et *dresser, drescer, drecier, drechier*, dresser, diriger, du lat. *directus*, d'où le bas lat. *drictum*, droit. Cf. *adrateria*, chemin de traverse, c'est-à-dire chemin droit , direct. II, 119, 228, 555.

ADROIT, XVᵉ s. A droit, décision faisant justice à droit, consacrant le droit : « disons par notre sentence jugement et adroit. » *Adrecier*, faire droit. III, 135.

ADSISTER, XVᵉ s. Assister. Lat. *adsistere*. II. 10.

AFFERMER, XVIᵉ s. Affirmer : « Juré et affermé. » Du lat. *affirmare*. II, 32, 35 ; III, 111.

AFFINER, XVIᵉ s. Arrêter, apurer un compte : « clore et affiner ce présent compte. » Bas lat. *affinare*, du lat. *finire*. II, 375.

AFFINITION, XIVᵉ s. Apurement d'un compte : « avoit assisté à la reddicion, closture et affinition du présent compte. » D'*affiner*. II, 381. V. affiner.

AFONDRÉ, XIVᵉ s. Mis à fond , coulé bas : « marchandises, aventurées, afondrées ou dépéries en la rivière et fleuves dessusdiz. » D'*affondrer*, bas lat. *affundare*, du lat. *fundus*. II, 193. V. enfondrer.

AIGLE DE CLOUS , XVIᵉ s. Quantité de clous mise en paquet de forme particulière, ainsi nommée, selon toute vraisemblance de la ville d'Aigle, où ces clous étaient fabriqués et d'où ils étaient expédiés : « les milliers de clous , chacun aigle, v d. (de péage). » III, 117.

AIGLIN, v. aignelin.

AIGNELIN, AIGNELINE, AIGLIN, XVIᵉ s. Toison, laine d'agneaux. *Aiguelin*, d'*aignel*, *aigne*, mouton, du lat. *agnus*. III, 271, 316.

AIGNELINE, V. Aignelin.

AIGRUN, XVIᵉ s. Herbes fortes, plantes potagères acres, fruits acides, aulx, oignons, échalottes, citrons, oranges : « pour somme ou charrée d'aigrun ij d. (de péage). » *Esgrum*, *egrun*, d'*aigre*, *esgre*, *ègre*, bas lat. *egrunum*, du lat. *acer*, *acris*. Cf. DU CANGE sous *acrumen* et DEPPING, livre des métiers, p. 32, note. III, 379.

AINÇAS, AINÇOIS, XVᵉ s. Ainsi, en conséquence. II, 3 ; III, 134.

AINÇOIS, v. ainças.

AINS, XVIᵉ s. Au contraire, mais : « lesd... promettent que, à l'advenir, ils ne prandront aulcun péage sur le guesde, pastel, sucre, passans par la rivière de Loire, ains passeront franchement. » II, 123, 230 ; III, 200.

AINSNEL, v. aisnel.

AISNEL, AINSNEL, ESNÉ, XVIᵉ s. Aîné, né avant (ses frères), le premier. *Aisné*, *ainsné*, de *ainz*, *ans*, avant, *ante* et *né*, *natus ;* bas lat. *annatus*. II, 74, 77, 457.

AISSEAU, v. asseaulne.

AISSET, v. asseaulne.

AJUSSIER, XVᵉ s. Ajuster. II, 427.

ALÈGEMENT, v. lègement.

ALLÈGEMENT, v. lègement.

ALLÉGER, XVIᵉ s. Mettre en bateau allége une partie du chargement d'un chaland. D'*allège*. III, 89. V. lègement.

ALLUMELLE, XVIIᵉ s. Alumelle, lame d'instrument tranchant : « allumelles de couteaux. » *Alemelle*, *alemële*, bas lat. *alemella*, du lat. *lamella*. II, 250.

ALMENDE, XVᵉ. Amande. Esp. *alméndra*. III, 80.

ALU, XVIᵉ s. Allure, aller, marche ; écoulement : « eussent advisé le moyen pour faire nestoyer lad. rivière tant desd. boys que d'autres choses empeschans l'alu, cours et droit fil de l'eaue. » D'*aler*, *aleir*, *alier*, aller, II, 224.

AMBULATOIRE, XVIᵉ s. Qui n'ayant pas de siége, de résidence fixe, se porte d'un point sur un autre, se tient tantôt dans un lieu, tantôt dans un autre : arrêt portant « que quant à présent l'assemblée (des march. fréq.), ne scra ambulatoire de ville en autre, mais sera permanente ; — requièrent que ladite assemblée soit ambulatoire. » Lat. *ambulatorius*. II, 12, 16.

AMONT (Pays d'), XVIᵉ s. Nom donné par les riverains de la Loire à la partie de la vallée du fleuve supérieure à celle qu'ils habitaient, par opposition à pays d'abas, pays d'aval. Id. dans la vallée de la Saône, (P. S. 123). II, 195, 333, 335. V. mont (à), abas, aval.

ANÉE, XVIᵉ s. La charge d'un âne, mesure de capacité pour les vins, le quart du poinçon : « six poinssons de vin, contenant vingt quatre anées. » D'*âne*, bas lat. *asinata*, du lat. *asinus*. II, 364.

ANNÉE, v. brieulx.

APARAUS, v. apparaux.

APONCEAULX, XVᵉ s. Pannonceaux : « en cas d'éminent péril, mectz et appose nos aponceaulx et bastons royaulx. » Du lat. *apponere*. II, 198.

APOTICAIRERIES, APOTIQUAIRERIES, XVIᵉ s. Les drogues et médicaments préparés ou vendus par les apothicaires. D'*apothicaire*, bas lat. *apothecarius*, du lat. *apotheca*, ἀποθήκη, lieu où l'on conserve les provisions. III, 245, 248.

APOTIQUAIRERIES, v. apoticaireries.

APPARAUX, APARAUS, XIVᵉ s. Objets composant le gréément d'un bateau, nécessaires pour le mettre en état de naviguer, pluriel d'*appareil ;* réunion, agencement d'ustensiles, de choses se combinant entre elles, placées, disposées, mises en certain ordre dans un but auquel elles doivent concourir ensemble. Bas lat. *apparamenta ;* d'*appareiller*, préparer, apprêter, unir, égaliser, ital. *appareschiare.* II, 193, 211. V. abillemens.

APPAROIR, XVIᵉ s. Apparaître, paraître, résulter. Lat. *apparere.* II, 79, 448.

APPENDENCE, XVIᵉ s. Appendance, qui est pendu à, tient à, appartient à : « leurs dictes ballyes, deppendences et appendences. » D'*appendre,* lat. *appendere.* II, 20. V. baillie.

APPETISSEMENT, XVIᵉ s. Apetissement, diminution, réduction : « pour le debvoir d'impost de chacune pippe de vin, doibt xlv s., viij d., et oultre xx d. pour livre du prix qu'il sera vendu en détail, pour le debvoir de billot et appetissement. » Le devoir d'apetissement de la pinte était ainsi appelé de la manière dont on opérait pour le percevoir. Le droit étant, à l'origine, par exemple, d'un douzième, du prix du vin vendu en détail, on levait sur le tavernier un douzième du prix courant ou tarifé des vins qu'il avait en magasin, et on l'autorisait à se récupérer sur le consommateur en vendant à pinte moins un douzième, pour pinte, c'est-à-dire, à pinte diminuée, apetissée d'un douzième. D'*appetisser, apetisser, apeticier, apetiser, a* et *petit,* bas lat. *apetissare.* III, 169.

APPOINCTEAU, v. poincteau.

APPRA, XVᵉ s. Apparaîtra. Du lat. *apparere.* III, 302.

APPUIPOT, XVIᵉ s. Ustensile de cuisine, en fer, cintré, contre lequel on posait des pots ou vases à panse arrondie en boule, pour leur donner appui. D'*appuyer* et *pot,* TRÉVOUX. III, 306.

ARCHAT, ARCHE, XVIᵉ s. Coffre : « archats sans claveure. » Du lat. *arca.* III, 91, 199.

ARCHE, v. archat.

ARCHELAIX, ARESCHAUX, XVIᵉ s. Archal, fil d'archal, laiton. Du lat. *orichalcum.* III, 107, 209.

ARCHELET, XVIᵉ s. Perche que sa flexibilité permet d'employer en la courbant, en la pliant en rond, en arc, bois à faire cerceaux : « la charretée d'archelet, pay et perche ; — milliers de pièces d'archelet, grosse de grands cerles à faire cuves, xij d. t. » Bas lat. *archellus, arcellus,* arceau, du lat. *arcus.* II, 231 ; III, 142.

ARCHELOY, ESCHALEISNE, ESCHALEINE, XVIᵉ s. Echalote : « le cent de porées ou d'oignons, d'archeloy, iiij d. » Du lat. *ascalonia.* III, 120, 288.

ARCHIF, XVIᵉ s. Archives, local renfermant des archives : « livres couverts dont l'un est demouré au trésor et archif publicq de ladite communeaulté. » Du lat. *archium, archivum.* II, 383.

ARDOIR, XVᵉ s. Brûler, faire brûler, mettre au feu : « bois à ardoir. » Du lat. *ardere.* III, 134.

ARESCHAUX, v. archelaix.

ARMET, XVᵉ s. Chapeau de fer, casque. D'*arme.* II, 545.

ARQUEMIE, XVIᵉ s. Alchimie, œuvre d'alchimie, métal ou substance dont la composition était ou avait été originairement alchimique : « somme de fer, d'acier, de greisse, d'oings, d'huilles, d'estain, de arquemie, de plomb, xi d. (de péage). » Bas lat. *arquemia,* v. DU CANGE. III, 279.

ARRIVER, XVIᵉ s. Approcher de la

rive, de terre, aborder : « tous chalans sont tenuz arriver, venir à la chambre de la recepte (du péage). » *A* et *rive*, bas lat. *adripare*, ital. *arrivare*, du lat. *ad* et *ripam*. III, 186.

ARRIVOUER, xvi⁰ s. Point du rivage où les bateaux abordent, disposé pour le débarquement des voyageurs et des marchandises, port : «marchandises (transportées par eau) déclarées aux ports, arrivouers ou banlieue de ladite ville de Blois. » *Arrivaige, arrivage*, bas lat. *arrivagium*. III, 184. V. arriver.

ARS, xv⁰ s. Arcs : « pour artillerie de guerre comme ars, lances, trousses. » *Arson, arçon, arçun*, du bas lat. *arcus*. III, 57.

ARTER, xvi⁰ s. Arrêter : « au devant de Monseigneur le Daulphin, qui ne artoit point en ladite ville. » En Berry, *airter*, ital. *arrestare*, du lat. *ad* et *restare*. II, 551.

ASSAVOIR, xvi⁰ s. A savoir : « c'est assavoir. » II, 42.

ASSEAULNE, ESSEAULNE, ESSEAUNE, ESSAU, SCEAULNE, ESSEAULIN, AISSET., AISSEAU, xv⁰ s. Petite planche, latte, bardeau, diminut. d'ais. Bas lat. *essana*, du lat. *assis, assula*. II, 230; III, 110, 117, 342. V. essif.

ASSEJAULT, ASSIÉGEAU, ECHEAU, ESCHEAU, ESCHEAUL, ESCHEGEAU, ESCHEGAU, ESCHEISEAU, ESCHE-ZEAU, ESCHIAU, ESCHIGEAU, ESSEYAU, ESSIEGEAU, xv⁰ s. Radeau, train de bois flottant. Etaient transportés en *assejault* : le bois carré, le bois de sciage, le bois de sapin, les planches, les planches de sapin, les chevrons, les ais, les pièces de mâts de sapin, le merrain, le *traversin*, les douves, lès cercles, les tonneaux vides, le bois de moule, tout bois. Du lat. *assis*, ais, poutre, pièce de bois. Cf. *assiche*, bas lat. *assigia*, assemblage de pieux, de

pilotis fichés, *contextus et series palorum*, DU CANGE, et *assauler*, assembler, *id*. II et III *passim*.

ASSENTEMENT, xiv⁰ s. Assentiment. Bas lat. *assentimentum*, du lat. *assentiri*. III, 281.

ASSERÉ, xviii⁰ s. Aceré, muni, revêtu d'acier et par là plus aigu, tranchant, pénétrant ou résistant : « deux boucles garnies de leurs chevilles asserées. » Du catal. et prov. *assen, assien, acen, acien*, bas lat. *aciarium*, du lat. *acies*, pointe, v. LITTRÉ. II, 496.

ASSIÉGEAU, v. assejault.

ASSOPER, xv⁰ s. Assoupir, entraver, empêcher, arrêter, paralyser : « ont de fait voulu assoper les aides et octroiz par nous faiz ausd. exposens; — se ainsi estoit que lesd. aides feussent ainsi assopez. » *Assouper, achoper*, bas lat. *assopire*, du lat. *sopire*. III, 81.

ATEMPTER, v. attempter.

ATIEULLE, TIEULLE, xv⁰ s. Tuile, planchette, très-mince, bardeau servant à la couverture des maisons : « sur chacun millier de late, volisse, atieulle, xij d. p. » *Teule*, bas lat. *teula, teulis*, du lat. *tegula*. III, 148.

ATONNÉ, xv⁰ s. Étonné, ébranlé par un choc, comme serait celui du tonnerre : « le pont d'Orléans atonné par les canons, durant le siége. » Du lat. *attonare*. III, 78.

ATTEMPTER, ATEMPTER, xvi⁰ s. Attenter. Du lat. *attentare*. II, 453.

ATTROUSSER, xvi⁰ s. Attribuer, adjuger : « la somme, à quoy ladicte ferme a esté baillée et attroussée audict Lespinasse. » *Attrosser, atrosser*, plier, mettre en trousse, en sa trousse. II, 145, 290. V. trousse.

AUBERGERON, xvii⁰ s. Haubergeon, petit haubert. Ital. *usbergo*, an-

glo-sax. *heaslbeorg*. Cf. allem.
bergen, cacher. III, 210.

AUBOURG, xvi⁴ s. Aubier : « cent
d'arcs dits d'aubourg et autres
boys à faire lesdits arcs. » *Au-
bour*, *aubor*, prov. *albor*, esp.
alborno, du lat. *alburnum*. II,
231.

AUCERÉE, AUSSERÉE, AUSERÉE, AU-
XERÉE, HAUSSERÉE, HAULSERÉE,
xv⁴ s. 1. Action de hausser, de haler les bateaux à la remonte :
« à Joseph de l'Espoir, esperrent,
demourant es forsbourgs de
Meung, pour passer des mariniers
et marchans tirans l'aucerée des
challans passant par lad. rivière,
viij l. t. » Dans le bassin du
Rhône, *ausse* : « pour chacune
ausse, ou homme tirant navey,
l'on doit deux parpalioles, » (P.
R. p. 15). — 2. Chemin ou sentier pratiqué le long des bords
de la Loire et de ses tributaires
navigables, ou dans le lit même,
à la lisière des grèves pour le passage des haleurs à col ou des chevaux de halage, employés à la
remonte, à la hausse des bateaux,
chemin de halage : « ne pour-
ront (les marchands fréq.) con-
traindre iceux abbé, religieux et
couvent de ballizer ladicte rivière,
ne faire haulserée sur les
rivages d'icelle, plus grande que
de la largeur de six pieds. » De
haucer, *haussier*, *haulcer*, hausser, *halt*, haut, du lat. *altus*. II,
227, 445, 538 ; III, 335. V. poner.

AUDEVANT, xv⁴ s. Subst., rencontre : « pour le voyage d'un
chalan duquel furent, les procu-
reurs (échevins) de ladicte ville,
à l'audevant de mondit seigneur
le Duc. » II, 543.

AUDIENCÉ, AUDIENCIÉ (être), xvi⁴ s.
Etre appelé, cité à comparaître à
l'audience du juge : « lesquels
marchands ont esté appelez et
audienciez (par Jacques Faulche-
ry, sergent royal) au palais royal

d'Angiers. » D'*audiencé*, du lat.
audientia. II, 18, 25.

AUDIENCIÉ, v. audiencé.

AU JOUR D'HUY, xvi⁴ s. Aujour-
d'hui. *Hui*, du lat. *hodie*. II, 10.
V. Huy.

AULNAIGE, AULNAY, xvi⁴ s. Aunage.
D'*aulne*, aune, bas lat. *alena*,
all. *elle*, lat. *ulna*, ὠλένη. II, 70,
71.

AULNAY, v. aulnaige.

AULOMNE, xvi⁴ s. Allone, étoffe,
ainsi nommée du bourg d'Allonne,
en Beauce, où elle était fabriquée :
« pour chacune pièce d'aulomnes,
xiij d. » III, 316.

AUMOISE, xvii⁴ s. Moise. II, 496.

AUSERÉE, v. aucerée.

AUSSERÉE, v. aucerée.

AUTHIER, xvi⁴ s. Autel. Du lat. *al-
tare*. III, 124.

AUVE, xvi⁴ s. Graisse qu'on tari-
fait à la somme, au tonneau, au
millier, nom donné aujourd'hui
encore en Orléanais à l'axonge,
graisse de porc : « pour millier,
de beurre, suif, remais, oing,
auve, ou autres graisses, xx d. ;
— sur chacune caque d'uille ou
d'auve, ij s., v d. » Du lat. *alba ?*
III, 123, 147, 180.

AUXERÉE, v. aucerée.

AVAL (Pays d'), xvi⁴ s. Nom donné
par les riverains de la Loire à la
partie de la vallée du fleuve in-
férieure à celle qu'ils habitaient,
par opposition à pays d'amont :
« voyage à pays d'amont et d'a-
val. » II, 333. V. val (à) et abas.

AVALER, AVALLER, DÉVALER, xv⁴ s.
Aller à val, mener à val, par opposition à monter, aller à mont,
mener à mont. Descendre soi-
même ou faire descendre la pente
d'un val, d'une vallée, le courant
d'une rivière : « marchandises
qui sont montées, avallées et traversées par le fleuve de Loire ;
— vins enlevés du pays d'Anjou

par eau ou par terre, pour monter ou avaler; — chalan mené en montant et avallant par lesdits fleuve et rivière; — auront mené chalans, les descendans et avallans esdits fleuves. » De *val*, lat. *vallis*, bas lat. *avalare*. II 210, 211, 213, 227, 260. V. Val (à).

AVALLER, v. avaler.

AVALUATION, xvi° s. Evaluation. *A* et *value*; bas lat. *avaluacio*, ital. *valutare*, évaluer, du lat. *valere*, *valuit*. II, 21.

AVECQUES, xiv° s. Avec. *Aveques*, *auvec*, *aveuc*, *avoec*, *avoc*. De *ab*, *ad*, *apud* et *hoc*. II, 195.

AVERSÉ, xviii° s. Opposé, tourné vers, communiqué, transmis, présenté, notifié : « en exécution des ordres à eux aversées et publiées aux prônes. » Du lat. *adversus*, *advertere*. 130.

AVOIR, xvi° s. Ce qu'on a, bien, appliqué à toutes choses dont on est propriétaire, notamment à des denrées ou marchandises formant le chargement partiel ou total d'un bateau : « pour chacun chalan ou sentine chargée d'avoir de poix, c'est-à-dire denrées qui se poisent. » III, 90.

AYS, xiv° s. Pour *ars*, arcs : « ays et arbalestes. » III, 206. V. ars.

B

BAC, BACH, xvi° s. Bateau; — de moulin, bateau stationnaire sur lequel un moulin était installé. *Bac*, *bache*, *bachot*, bassin, cuve, bas lat. *bachium*, *baccas*, bas bret. *bag*, *bak*, bateau; cf. all. *bach*, ruisseau. Du celt. *bac*, creux. II, 448 ; III, 124.

BACH, v. bac.

BACHELLE, xvi° s. Petite auge, cuvette, vase dont la contenance servait de mesure pour l'assiette du péage des graisses : « une bachelle de remais. » Diminutif de bachot. De *bac*. III, 125. V. bac.

BACHÓLÉE, xv° s. Contenance d'une bachelle, équivalente à la poêlée. III, 124. V. bachelle.

BACHON, xvi° s. Vaisseau de bois, large par le bas, étroit par le haut, destiné à recevoir du salé, tine, tinette : « dou bachon de chair sallée, obol. » Dimin. de *bachat*. De *bac*, III, 116. V. bac.

BACIN, xvii° s. Bassinet, calotte, chaperon de fer : « pour chacun heaume, bacins ou autre service de teste. » Bas lat. *bacinetum*. Même étym. que *bac*, v. ce mot. III, 210.

BACON, xv° s. Porc gras, tué. Flam. *backe*, prov. *bacon*, cat. *baco*, port *bacoro*, bas lat. *baco*. Dans les diverses tarifs de péages de la Loire où il se rencontre, le mot *bacon* a cette signification et non celle de quartier de porc, flèche de lard que lui donnent l'anglais, le Wallon, le patois messin, celui de Normandie, v. GACHET, gloss. roman. III, 120.

BAGUER, xv° s. Mettre en ballot sous toile cousue ou cordée : « fardeau bagué. » Veut dire aujourd'hui encore coudre à grands points, et a pu vouloir dire autrefois ficeler, mettre sous corde. En Poitou, *bague*, corde qui sert à maintenir des sacs de blé sur une bête de somme ; *baguée*, les sacs que la bague lie ensemble, LALANNE, gloss. du pat. poit. De l'esp. *baga*, corde. III, 88.

BAHU, xvɪᵉ s. Bahut, coffre, armoire : « d'un coffre, bahu, banc, escabelle, buffet, xvj d., t., et pour coffre de bahu vuide xvj d. t. » II, 554; III, 186.

BAHUT, v. bahu.

BAILLIE, BALLYE, xvᵉ s. 1. Action de bailler, donner; adjudication. « Ladicte ferme ainsi baillée..... à la baillie de ladicte ferme fut dit et accordé. » 2. Ressort, territoire dans l'étendue duquel on a mandat ou commission : « déléguez continuant en chascune de leurs ballyes. » De *bailler*, du bas lat. *bajulus*, tuteur, *bajulare*, diriger, du lat. *bajulus, bajulare*, porteur, porter. II, 20; III, 237.

BAISSER, BEYSSER, BESSER, xvᵉ s. 1. Aller en bas, du coté d'en bas, dans la direction d'une rivière, la descendre, cheminer dans la vallée d'une rivière d'amont en aval : « il n'y avoit lieu où ung chalan peust monter ne baisser; — chalan qui monte ou qui baisse; — montant ou beyssant, tant par eau que par terre; — Monseigneur le Dauphin qui bessoit par eau. » 2. Baisser un pont, le franchir, passer dessous dans un bateau descendant la rivière : « gabarre submergée et pérye en baissant les ponts de Bloys. » 3. Faire descendre, conduire, transporter par rivière, d'amont en aval : « pour ce que son moulin (sur bateau) estoit échappé en le cuidant besser. » Sur la Saône : « pour une bouticque de poisson, pour livre, six deniers, tant de poyé (monté) comme de baissé; — sera payé viij d. de baissée et iv d. de montée, » (P. S. 177, 193). Ces acceptions diverses du verbe *baisser* se sont maintenues jusqu'à nos jours dans le bassin de la Loire, et dans celui de la Saône, les bateliers disent encore *à la baisse*, pour *à la descente*. De *bas*, bas lat. *bayssare*, ital. *bassare*. II, 436,

463, 551; III, 150, 243. V. poner.

BALISAGE, v. balisement.

BALISE, v. balises.

BALISEMENT, BALLIZEMENT, BALIZEMENT, BALIZAIGE, BALLIZAGE, BALIZAGE, BALISAGE. Pose des balises et nettoiement de la voie navigable dans le lit des rivières. Ensemble des opérations de balisage sur le cours entier d'une rivière. De baliser. II, 14. V. baliser.

BALISER, BALIZER, xvɪᵉ s. Poser des balises pour la sûreté de la navigation; par extension, dans le bassin de la Loire, procéder à tous les travaux ou opérations nécessaires pour maintenir les rivières à l'état navigable, particulièrement aux opérations de nettoyage de la voie, à l'enlèvement des pieux, pilotis, bois, pierres, qui l'obstruent. D'où : *balisage*, travail de curage et pose de balises par les agents (baliseurs) que préposait à cette double fonction la communauté des marchands fréq.; *rivière balisée*, *bois balisés*, pour rivière nettoyée, bois retirés, détournés du chenal par les soins de ces agents : « perte d'un chalan submergé sur un bois non balizé; — en sorte qu'il n'y ait dans lesdites rivières, à balizer, aucuns troncs, arbres, pierres ou atterrissement nouveau. » De *balize*, balise. II, 461, 527. V. balisement et balise.

BALISES, BALIZES, xvɪᵉ s. Perches qu'on fichait dans les sables du lit mouvant de la Loire et de ses affluents navigables, pour indiquer aux bateliers le chenal à suivre ou les écueils à éviter. Bas lat. *bajulus*, échalas, et *bajulus*, baliseur, tuteur, v. DUGANGE. II, chap. ɪx, *passim*.

BALISAGE, v. balisement.

BALIZAIGE, v. balisement.

BALIZE, v. balise.

BALIZEMENT, v. balisement.

BALIZER, v. baliser.

BALLÉ, xvi⁰ s. Mis en balle, en ballot : « chacune pièce de drap non ballée. » De *balle*. II, 247; III, 185. V. Ballon.

BALLIZAGE, v. balisement.

BALLIZEMENT, v. balisement.

BALLON, BALON, xvi⁰ s. S'entendait d'une marchandise empaquetée, (en rond, en rouleau, à l'origine du moins), du drap par exemple, des étoffes, et dans ce cas était synonyme de balle : « ballon de drap à un fond, iij s. ix d., balle à deux fonds, vij s. vj d. » Mais plus particulièrement d'une certaine quantité d'acier, soit d'un seul morceau d'après sa forme, soit en plusieurs morceaux réunis et mis en paquet arrondi : « ballon d'acier, iiij d. t. » De *balle*, all., angl. *ball*, boule. II, 215; III, 68.

BALLYE, v. baillie.

BALON, v. ballon.

BALTERYE, xvi⁰ s. Batterie, ustensiles de fer, de cuivre. Bas lat. *bateria*. III, 279. V. traict.

BANCEINS, xvi⁰ s. Ceinture des bans, banlieue, circonscription suburbaine, territoire attenant à une ville compris dans les limites de ses bans, atteint par leur publication : « proclamation faite ès-ville et banceins d'Orléans. » De *ban*, bas lat. *banum*, et *ceindre*, du lat. *cingere*. II, 47.

BANCSELLE, xvᵉ s. Bancelle, banc-siége, petit banc à s'asseoir attenant à une table ou l'accompagnant : « table garnie de bancselles. » De *banc*, all. *banck*, et *selle*, lat. *sella*. II, 47.

BANNERET, xvᵉ s. Bannière : « ung banneret paint aux armes de mondit Seigneur le Duc (d'Orléans). » Bas lat. *baneria*, *banerium*, *bannerium*, *bannum*. II, 245.

BANSE, xvi⁰ s. Manne carrée ou rectangulaire profonde, à claire voie, formée de menus morceaux de bois entrelacés ou liés, unis par des liens d'osier, employée au transport des objets de grosse quincaillerie et chaudronnerie : « banse de batterie, du poids d'un millier, xij s. vj d. t. » Cf. all. *banse*, tas, partie de la grange où l'on entasse les gerbes. III, 185.

BARILLE, xvᵉ s. Barillet, petit baril : « pour barille ou chausde-ronnée d'huile d'olives, v d. » De *baril*, bas lat. *barillus*, bas bret. *baraz*. III, 284.

BARIOLE, xvi⁰ s. Petit baril. III, 106.

BARRACAN, xvii⁰ s. Bouracan. Bas lat. *barracanus*, ital. *baracane*, esp. *barragan*, angl. *barracan*, all. *berkan*. Le dict. de Littré indique comme étymologie possible le persan *barikâna*, étoffe de laine. II, 250.

BARRETTE, xvi⁰ s. Bonnet, toque en étoffe : « pour balle de bonnets et barettes iiij d. t. » Bas lat. *barretum*, dimin. de *birrus*, *burrus*, rouge, Du CANGE. III, 202.

BASCULE, v. basouille.

BASCULLE, v. basouille.

BASOUILLE, BASCULLE, BASCULE, xvᵉ s. Bateau percé destiné à contenir, conserver ou conduire du poisson d'eau douce vivant, vivier flottant, compartiment, case de vivier flottant, peut-être ainsi nommé de son mode de fermeture. II, 232; III, 62, 186.

BASTIDE, xvᵉ s. Bastille, tour, fort, construction fortifiée. Bas lat. *bastillia*, *bastia*. III, 154. V. Lèvement.

BASTIZ, v. basteis.

BASTON, xvi⁰ s. Bâton, tige ou branche d'arbre de dimensions à fournir pièce de charronnage; pieu employé par les mariniers de la Loire pour diriger leurs bateaux en les soulevant : « cent, en nombre, de bastons à faire boiz et limoneaux. », II, 230, 231, 247. V. moricet et linguan.

BATEINS, v. bateis.

BATEIS, BATEINS, BASTIZ, xvᵉ s. Construction en rivière, batardeau, digue. De *bastir*. II, 60, 61. V. Poincteau.

BATEL, xvᵉ s. Bateau. Bas lat. *batellus*, *batus*, de l'anglo-sax. *bât*. III, 67.

BAUDRAIRIE, xvıᵉ s. Cuirs corroyés, courroies, baudriers, pièces d'équipement en peau de buffle et autres cuirs, buffleterie : « pour charge de baudrairie iiij d. t. » De *baldre*, *baudre*, ceinturon, courroie, bas lat. *baudrerium*, du lat. *balteus* (V. le livre des métiers tit. 83, et ci-dessous le mot Mercerie.) III, 218.

BÉCHET, xvıᵉ s. Brochet : « pour poisson d'eau doulce, carpes que grans béchetz et barbeaux. » Bas lat. *becchetus*, bas bret. *béked*, de *bek*, bec, pointe, ainsi nommé de la forme allongée de sa tête. II, 340.

BESSE, xvıᵉ s. Bêche : « le cent de pelles ou de besses, iiij d. p. » Bas lat. *bessa*, *bescha*, *becca*, du bas bret. *bek*, bec, pointe. III, 120.

BESTIAL, xvᵉ s. Bétail. Du lat. *bestia*. III, 83.

BICHET, xvᵉ s. Mesure pour les grains, la 48ᵉ partie du muid de Bourbon-Lancy : « pour chacun muid de quelque grain que ce soit, le muid contenant XLVIII bichets, mesure de Bourbon, xij d. p. » *Bichot*, bas lat. *bichetus*. III, 59. V. Pichier.

BILLANGES, xvııᵉ s. « Notification à Pierre Bigot, demeurant ès billanges de Saumur. » Nom donné autrefois à la grande place de la ville de Saumur, aboutissant au port, où se tenaient les marchés, où étaient les halles, qu'on appelle aujourd'hui encore *les billanges*, *la billange*. Très-probablement de ce que là se trouvaient les *billanges* ou la *billange*, balances, poids public. *Bislengia*, dans des titres du XIIᵉ s. conservés aux arch. de Maine-et-Loire, *bis*, deux, et *lengia*, dégrad. de *lantia*, *lancia*, du lat. *lancem*, *lanx*, plateau. Cf. bas lat. *billantia*, *bilantia*, balance, ital. *bilancia*, du lat. *bilanx* III, 235.

BILLETTE, xvıᵉ s. Petit billot de bois que le seigneur péager était tenu de suspendre à une potence en signe de son droit et pour avertir le passant qu'il eut à payer péage : « dit a esté que led. défendeur sera tenu commettre receveur sur ledit port de Marcigny et y pendre et asseoir une billette pour voir de loing par lesd. marchands le lieu où ils devront acquitter led. droit.... et sera tenu led. receveur tenir sa recepte sur le grand chemin et pendre ladite billette ès branchières. » (V. LOYSEAU, seign. IX, 81 ; le président DE LA BARRE, formul. des esleuz, XXIV, et la note 1 de la p. 43, t. I, du présent ouvrage. V. aussi dans DU CANGE et LITTRÉ une interprétation analogue.) Plus tard on remplaça la billette par une pancarte clouée à un poteau, d'où cette pancarte et le poteau lui-même qui la portait furent appelés billette, billot. Dimin. de *bille*, bas lat. *billa*, *billia*, *billonus*, du bret. *pill*, tronçon de bois. III, 52. V. branchière et billot.

BILLETTE (droit de), xvıᵉ s. Droit d'avoir billette, c'est-à-dire de lever péage. III, 52. V. billette.

BILLOT, xvıᵉ s. I. Devoir de — tribut levé sur la vente du vin en détail ; probablement de ce que les taverniers suspendaient au-dessus de leur porte un billot pour indiquer qu'ils vendaient vin en détail, c'était la vente indiquée par ce billot qu'on assujettissait à l'impôt dit *devoir. de billot.* C'est du moins ce qu'il est permis d'induire du passage suivant d'une pancarte des droits qui se levaient à Nantes sur les vins : « pour le debvoir d'impost de chacune pipe de vin, hors le creu nantois, doibt xlv s. viij d., et oultre vingt deniers pour livre du pris qu'il sera vendu en détail, pour le debvoir de billot et appetissement qui est communément à iiij s. le vin d'Anjou et v s. le vin d'Orléans, dont la pipe ou les deux poinssons tient deux cens trente deux potz. Et pour le vin Nantois, l'on doibt la moitié dud. debvoir, qui est xij s. x d. et oultre vingt deniers pour livre de ce qu'il sera vendu en détail, pour led. debvoir de billots et appetissement. » 2. Droit de péage, le même que *billette.* Un billot suspendu à une potence ou branchière sur le bord d'une route, était signe que le passant devait acquitter péage. Cf. une citation de Du Cange, reproduite par Littré sous *billot.* III, 169. V. appetissement et billette.

BOESTE (droit de), xviiᵉ s. Droit de lever un péage. De la *boëte,* boîte dans laquelle le receveur du péage déposait les deniers comptés par les marchands ou voyageurs. II, 234; III, 247.

BOESTES (droit des), xvᵉ s. Péage levé en plusieurs lieux par les march. fréq. sur eux-mêmes. Des boîtes où les receveurs de ce péage déposaient leurs recettes. II, 220.

BOILLON, BOUILLON, de poix, xvⁱᵉ s. Quantité, gâteau de poix, de goudron d'une dimension et d'une forme déterminées, qu'on obtenait en faisant chauffer, *bouillir,* la poix dans un vase dont la cavité avait ces formes et dimensions; — quantité de poix équivalant à 50 peiax; — mesure re-

présentânt 50 peiax. De *bolir,* bouillir, lat. *bullire, bulla.* III, 72, 93. V. Peiax.

BOIRE, BOUAIRE, xvⁱᵉ s. Crique, anse dans la Loire, portion du lit séparée du chenal par des atterrissements, des barrages, où les eaux sont stagnantes. Bas lat. *boira.* II, 435, 532.

BOISSELAGE (droit de), xvⁱᵉ s. Tribut levé sur le boisselage, le mesurage des grains. De *boissel, boisseau.* III, 51.

BOMBAZIN, xvⁱᵉ s. Bombasin, étoffe de coton : « bombazin rez et à poil. » Bas lat. *bombacinium,* du lat. *bombyx,* duvet des plantes. II, 232.

BONNEMENT, xvᵉ s. Justement, équitablement. II, 210.

BORT DE BATEAU, xvⁱⁱᵉ s. Bord, bordage, planche de revêtement extérieur de la membrure d'un bateau. Droit de — péage levé sur les bateaux : « ont exigé le même droit de bort de bateau. » Anc. all. *bort,* mod. *bord,* angl. *board.* III, 75.

BOTHE, v. botte.

BOTTE, BOTHE, xvⁱᵉ s. Vaisseau, huche, fût destiné à contenir poisson vivant. Bas lat. *botta, bota, butta,* all. *butte.* III, 106, 117, 120, 125, 341. V. bus.

BOTTET, xvⁱᵉ s. Petite botte. III, 120. V. botte.

BOUAIRE, v. boire.

BOUC, xvⁱᵉ s. Outre, particulièrement employée au transport de l'huile d'olives, dont elle contenait environ cent livres : « l'huile d'olif, à prendre dix boucs pour millier. » II, 232; III. 185.

BOUCAL, v. Bouqual.

BOUETE (la), xvᵉ s. Droit de péage levé par les march. fréq. sur eux-mêmes. II, 272. V. Boestes.

BOUGETTE, xvⁱⁱᵉ s. Petite malle,

sac de voyage. .Bas lat. *bulga*, *bulgia*, angl. *bag*. II, 250.

BOUILLON, v. boillon.

BOULE, xvi⁰ s. Enclume de chaudronnier : « la boule à un meiguan, iiij d. (de péage). » De sa forme convexe. Bas lat. *bola*, lat. *bulla*. III, 117.

BOUQUAL, BOUCAL, xvi⁰ s. Bocal, vase à mettre vin, contenant de 38 à 39 pintes d'Orléans (43 litres) : « délivrance de sept vingt quinze pintes de vin blanc, mis en quatre bouquaulx. » Bas lat. *baucale, baucalis, baucalius*, du grec βαυχάλιον, βαυχαλίς, vase. II, 466, 468.

BOURSERIE, xvi⁰ s. L'ensemble des objets fabriqués par les boursiers et les braiers ; bourses, braies ou hauts de chausse, en cuir et peaux diverses : « le fardeau de bourserie iiij d. p. » V. le livre des métiers, tit. 77 et ci-dessous le mot Mercerie. De bourse, III, 121.

BOUTER (se), xv⁰ s. Se mettre, se pousser, se loger, s'introduire : « se pourroient (les ennemis) mettre et bouter dans lad. ville. » *Boter, botter*. ital. *botare*. III, 150.

BRANCHIÈRE, xvi⁰ s. Poteau muni de bras ou potence ; le poteau auquel le péager suspendait la billette. Du bas lat. *branchia*, branche. III, 52. V. billette.

BRANLAGE, BRANSLAGE, xv⁰ s. Action de branler. Droit de — le droit qu'avait le péager d'exiger le branlage des bateaux passant devant son péage. III, 67. V. branler.

BRANLER, BRANSLER, xv⁰ s. Suspendre la marche d'un bateau, le maintenir, l'arrêter devant le bureau de péage pour donner au péager le temps et le moyen de se rendre compte du chargement : « et seront tenus, les marchands

et conducteurs. desd. denrées, passant par led. péage, branler et aborder, ou chevir au péager ; — estant (les seigneurs péagers), en possession de faire demeurer et bransler les batteaux devant leur destroit ; — tous chalans sont tenus de bransler, arriver, venir à la chambre de lad. recepte ; — tout challan soit vuyde ou chargé, montant ou baissant doit branslage. » Probablement de l'oscillation, du branle donné au bateau par l'effort des bateliers pour le maintenir en équilibre sur le vent ou contre le courant, en le faisant dévier du chenal et approcher de la rive ; ou encore du déplacement qu'éprouvait le bateau auquel on faisait quitter le chenal pour approcher du rivage, dans plusieurs cas, en effet, le mot branle a non-seulement la signification de mouvement imprimé mais celle de déplacement, c'est ainsi que dans le langage des campagnes on dit d'un homme retenu au lit par la maladie, qu'il ne peut *branler*, c'est-à-dire bouger, se déplacer, sortir du lit. III, 16, 33, 38, 58, 88, 107, 186, 307.

BRANSLAGE, v. branlage.

BRANSLER, v. branler.

BRAYE, xv⁰ s. Filet à prendre le poisson, en forme de poche, d'entonnoir, maintenu au fond de l'eau par des pieux, des piquets. Bas lat. *brayia*. II, 418.

BRAYETTE, xviii⁰ s. Braies, brague, haut de chausse. *Braguette*, bas lat. *braga*, lat. *braca*, bas bret. *bragez*. II, 450.

BRIEULX, xvii⁰ s. Brevet, congé ou passeport, permission de naviguer que les vaisseaux devaient prendre des juges de l'amirauté pour sortir d'un port, tel le congé dont les navires naviguant en Loire devaient être munis et dont ils payaient le droit « au tablier de la prévosté de Nantes. » Le droit de *brieulx*, variait suivant le tonnage du navire et se divisait en plusieurs parties, ou plutôt comprenait plusieurs droits, à savoir : *brieulx de sauveté*, droit de sureté; *conduit*, droit de transport; *vitaille*, droit dû pour les vivres de l'équipage; *d'année*, droit de naviguer pendant une année : « brieulx sauveté, doit LV s.; conduit, doit xxvij s. vj d.; vitaille, doibt xvij s. vj d.; année, doibt vij s. vj d. » *Brieux, brief*, prov. *brieu, breu*, bas lat. *breve*, du lat. *breve, brevis*. III, 313. V. conduit et sauveté.

BUÉE, xviᵉ s. Lessive. *Bujée*, de *buer*, bret. *bugo*, fouler; *bugad*, petite lessive. III, 72.

BURAIL, xviiᵉ s. Bureau, grossière étoffe de laine. *Burel*, *buriau*, bas lat. *burellus*. catal. *burel*, de *bure*, bas lat. *bura*. II, 250.

BUS, BUSSE, xviᵉ s. Fût à mettre vin de la contenance d'une pipe : « pour pippe ou bus, iiij d. » Bas lat. *bussa*, *butta*, all. *butte*. III, 168.

BUSE, xviᵉ s. Fût à mettre poisson salé de la contenance de deux barils ou caques. III, 168, 247. V. bus.

BUSSART, xvᵉ s. Fût à mettre vin, la moitié ou le quart de la busse. III, 240. V. bus.

BUSSE, v. bus.

BUSSERIE, xviᵉ s. Œuvre de busserie ou tonnellerie, tous vaisseaux de bois. Par extension, le merrain, les bois débités destinés à la busserie. III, 63. V. bus.

BUTYNER, xviᵉ s. Butiner, se partager le butin qu'on a fait, la proie dont on s'est emparé en commun : « pour après, les dérober (des deniers) et butyner entre eulx ; — n'y a chose plus certaine que lesd. deniers ne fussent desrobbez et butynez. » *Butiner, botiner*, de *butin*, bas lat. *botinus*, all. *beute*, angl. *beoty*. II, 234, 225.

C

ÇA (EN), xvᵉ s. En deçà. III, 134.

CABANE, xviᵉ s. Cabine, logement, abri, disposé dans les bateaux destinés au transport des voyageurs. II, 554.

CABOCHE, xviᵉ s. Clou à grosse tête : « pour millier de caboches, xx d. t. (de péage). » Ital. *capocchio, capo*, du lat. *caput*. III, 342.

CAFFART DE VILLAGE, xviiᵉ s. Étoffe imitant le damas, le même sans doute que le damas cafard. Dite de village, de ce qu'elle était, en raison de son infériorité, à la portée et à l'usage des villageois. II, 250. V. damas caffart.

CAIL, QUAIL, xvᵉ s. Quai : « chalan de dix toilles, submergé et perdu au pont d'Orléans, joignant le cail ; — à la charge que lesditz de Nantes, feront faire à leurs despens et frais, led. quail de pierre de taille, garni de boucles et pillory. » *Calade*, en Lyonnais et Beaujolais, rue pavée, dallée; en Berry, *caille*, caillou. V. ci-dessous, *caillot*, pierre à paver et *caillou*, meule de moulin. Ces acceptions de pierre dure, pierre plate, pierre taillée, chaussée empierrée, pavée, construction, maçonnerie, en pierres de taille, conduisent à chercher dans le mot *cail* la racine celtique *cal*, exprimant l'idée de dureté, qu'on retrouve du reste dans le mot latin *callus*, plutôt que d'en faire un dérivé de *calculus*. Il est à remarquer que *calculus* dans le bas latin conserve sa signification latine de petite pierre, calcul, opération de compte, pion, dame, boule à compter, action de compter, opération de compte, compte, petit poids, et ne prend nulle part celle de pierre à construire ou à paver. II, 54, 463, 478.

CAILLOT, xv⁰ s. Pierre à paver : « pour v⁰ de caillots achetés, rendus sur led. pont (d'Orléans), pour paver l'arche d'oultre la croix. » *Caillotte*, Poitou. II, 417. V. cail.

CAILLOU, CHAILLOU DE MOULIN, xvi⁰ s. Meule : « pour un caillou de moulin, v d. t., et s'il est percé xv d. t. ; et pour une meule de moulin en semblable manière que pour ledit caillou. » III, 63, 70. V. cail.

CAMPANE, xvii⁰ s. Crépine de fil d'or, d'argent, de soie, se terminant en petites houppes façonnées en forme de clochettes. De *campane*, cloche, bas lat., ital., esp. *campana*. II, 250.

CANAL, xvi⁰ s. Chenal d'une rivière, voie tenue en état de profondeur suffisant pour le tirant d'eau des bateaux. Du lat. *canalis*. II, 227. V. entretènement.

CANIVET, xvii⁰ s. Canif. Bas lat. *canivetus*, angl. *hnife*, suéd. *knif*. II, 250.

CAPENDE, CAPENDU, xv⁰ s. Courtpendu, espèce de pomme. III, 548. V. sernoyn.

CAPENDU, v. capende.

CAPITON (bourre de), xvii⁰ s. Bourre qui reste sur la coque d'un ver à soie après le devidage de la soie proprement dite, et qu'on en retire à l'aide d'un peigne. Ital. *capitone*. II, 250.

CARABASTAN, xvii⁰ s. Cabestan. Peut-être du bret. *kabestr*, licol, dont le radical est *kab*, tête, par

analogie avec la corde qui s'enroule autour du treuil dans le jeu du cabestan; le breton donne aussi *karvan*, rouleau du métier de tisserand. II, 510.

CARISET, xvii⁰ s. Carisel, étoffe de laine, sorte de canevas. II, 250.

CARNEQUIN, xvii⁰ s. Sorte d'arbalète. Arbalète à pied, ainsi appelée, de l'instrument dont on se servait pour la bander : « un carnequin, j d. p., un arc, j d. p. » *Cranequin, granequin, crenequin*. Cf. DU CANGE sous *crenkinarii*. III, 70.

CARTELET, xvii⁰ s. Etoffe de laine légère. II, 250.

CASPE, xv⁰ s. Câpre, bouton de la fleur du câprier, confit dans le vinaigre. Du lat. *capparis*. II, 232.

CASSE, xvi⁰ s. Caisse : « casses d'orrenges. » Bas lat. *caissa*, ital. *cassa*, esp. *caxa*, du lat. *capsa*. III, 99. V. castonnade.

CASSEMUSEAUL, xvi⁰ s. Pâtisserie, gâteau : « au pastissier pour avoir fourni de galettes, de cassemuseaulx, eschaudez et patez, ij l. x s. t. » De *casser* et *museau*. Ainsi nommé de ce que dans les jours de réjouissances publiques, on le distribuait en le jetant au nez de la foule. JAUBERT, LALANNE. II, 345.

CASTELOGNE, xvii⁰ s. Couverture de laine, pour catalogne, du nom du pays d'où cette marchandise était tirée, MÉNAGE cité par LITTRÉ. Cf. TRÉVOUX. II, 250.

CASTONNADE, xvi⁰ s. Cassonade, sucre qui n'a pas subi sa dernière épuration. *Castonade*, de *casson*, morceau, pain de cette espèce de sucre, et de *casse*, *caisse*, boîte dans laquelle elle était transportée, cf. TRÉVOUX. III, 247. V. casse.

CE PENDANT, xvi⁰ s. Cependant, cela pendant, durant, II, 77.

CERCHE, SERCHE, xvie s. Cercle, cerceau ; feuille de bois amincie, taillée en bande, servant à la confection de certaines pièces de boissellerie de forme circulaire : « de la chartée de bois et serches servans à faire boisseaux, seaux, seilles et tabours, viij d. p. » Bas lat. *cerchium*, du lat. *circulus*. III, 63, 141, 220.

CERTIFICATOIRE, xve s. Certificatif. Du bas lat. *certificare*, du lat. *certum facere*. III, 284.

CESSIER, xve s. Céder : « avons cessié, délessié, transporté. » Du lat. *cedere, cessum*. III, 84.

CHA, xviie s. Espèce de thé. *Chaa, tcha*, II, 248.

CHAFFAULT, CHAUFFAUT, xve s. Echafaud, estrade. Bas lat. *scafaldus, chaufarium*, angl. *scàffold*. III, 545.

CHAILLOU, v. caillou.

CHALAN, CHALEN, CHASLAN, CHALLAN, CHALAIN, CHALLAIN, xive s. Chaland, dénomination qui était donnée sur la Loire à des bateaux de dimensions diverses, particulièrement aux bateaux les plus grands, quelquefois aussi à de petites barques; cf. JAUBERT. *Chalandre, salandre*, bas lat. *chelandium, chelandrium, chelindrus, chelandra, chelandria, salandra, salendria, calannus*, bas grec Χελάνδιον. II, III, *passim*.

CHALAN A CORBE, v. sentine à corbe.

CHALAN PERCÉ, xve s. Grand bateau stationnaire à compartiments percés, servant de réservoir à contenir du poisson vivant, boutique, vivier flottant. Cf. Du CANGE sous *chelandra*. II, 418; III, 124. V. huisset.

CHALANDÉE, CHALLANDÉE, CHALENÉE, CHALLENÉE. Contenance, chargement d'un chaland. III, 119, 120, 124, 198.

CHALEN, v. chalan.

CHALENDRIÈRE (porte), xvie s. Porte de chaussée, de barrage, d'écluse, d'ouverture suffisante pour le passage d'un chaland. II, 83.

CHALENÉE, v. chalandée.

CHALLAIN, v. chalan.

CHALLAN, v. chalan.

CHALLANDÉE, v. chalandée.

CHALLEMINE, xvie s. Calamine. Bas lat. *calamina, calammaris*. III, 139.

CHALLENÉE, v. chalandée.

CHAMBERIÈRE. xvie s. Chambrière, Féminin de *chambrier*, bas lat. *camerarius*, de *camera*. II, 314.

CHANTE, xvie s. Jante. Bas lat. *canta*, du lat *canthus*. III, 120.

CHANTIER, xive s. Bord des rivières navigables, lisière qui doit rester libre pour le service de la navigation, l'entrepôt des marchandises qu'on embarque ou débarque : « faire les voyes et coupper les boys et arbres estans sur les chantiers ; — comme faire faire les auxerrées (chemins de halage) sur les bords et chantiers desd. rivières ; — abattre les arbres le long des bords des hausserées, leur donner xviii pieds de franc chantier ; — seront tenuz mettre rendre et porter le bois, sur le grand port (d'Orléans), à terre, sur le haut chantier. » Bas lat. *chanterium*. II, 142, 227, 528.

CHANTILLE, xve s. Bois débité en menues parties : « merrien de chantille. » De *cantel, cantiel, chanteau*, morceau ; bas lat. *cantellus*. En bas bret. *kant* veut dire cent, d'où *cantel* et son dérivé *chantille*, centième partie, parcelle, fragment d'un bloc dépécé. II, 213.

CHAPPELÉE, xvie s. La contenance d'un chapeau : « de pommes ou poires est deue une grande chappelée. » De *chapel, chape, capel*, chapeau, capuchon, bas lat. *capa*, ital. *cappello*, cf. *cape*, couvercle des ruches. JAUBERT. III, 185.

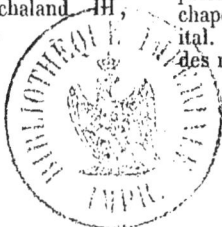

2*

CHAPPELLÉ, xv⁰ s. Chapelé, rapé :
« à Estienne Sarrazin, boulangier,
pour huit douzaines de pain blanc
chappellé. » Chapeler le pain devait être une recherche, car il
s'agit dans cet article d'un repas
de luxe. De *chapeler, chapou-
ler*, *chapler*, couper, tailler,
abattre, du lat *capulare*. II, 547.

CHARBON DE PIERRE, xvi⁰ s. Charbon de terre, houille : « tonneau
de charbon de pierre, ij d. t. »
III, 72.

CHARDON, v. chevenne.

CHARDONNEREAU. xvi⁰ s. Char-
donneret. III, 125.

CHARGE, xv⁰ s. Quantité de marchandise transportée par eau,
sur laquelle les prix de péage
étaient réglés, déterminés appro-
ximativement d'après la charge
des bêtes de somme ou de trait,
variable suivant la densité, le vo-
lume, et peut-être la valeur des
objets tarifés ; la charge d'aulx
était de 300 livres, la charge de
fer de trois pour millier, la charge
de poix noire de 600 livres. De
chargier. *cargier, charchier*, bas
lat. *carricare*, du lat. *carrus*, chariot. III, 204, 210, 220. V. crée.

CHARNAS, xiv⁰ s. Mot dont la signification était perdue dès le milieu du xvi⁰ s. Avait désigné
dans les temps antérieurs une
marchandise qu'on transportait
en balle : « de la balle de charnas iiij d. » Vraisemblablement la
toison, la peau d'agneau garnie de
sa laine, de l'espagnol *carnaza*,
envers de la peau, par ce qu'en
effet les toisons se transportent
retournées. Devait s'entendre particulièrement des toisons de provenance espagnole, par opposition à *aignelin*, nom qu'on donnait aux toisons d'agneaux de
provenance française. L'aignelin,
dans la plupart des pancartes de
péages de la Loire, était tarifé,
comme le charnas dans la pan-

carte d'Arcole, la seule qui en
fasse mention, à quatre deniers
la balle. Cf., bas lat. *carnarus*,
mouton, esp. *carnero*. III, 117,
118.

CHARNIER, xvi⁰ s. Échalas, encore
en usage. En Orléanais, Berri,
Touraine, c'est le nom donné
aux échalas employés dans les
vignes. Bas lat. *carneria*. D'après
le Cᵗᵉ Jaubert. de *charne, carne*,
charme, du lat. *carpinus*. Il est
à considérer qu'aujourd'hui le
charme n'est pas employé à la
confection des charniers, on se
sert du chêne, de l'acacia, en
a-t-il jamais été autrement ? III,
181 et *passim*.

CHARONNAGE, xi⁰ s. Charriage,
appliqué aux transports par eau ;
péage levé sur bateaux charriant
marchandises : « du droit de
péage dit charonnage, à prendre
en la rivière de Loire, à l'endroit
du chasteau dudit Saint-Florent-
le-Vieil, sur chacun bateau ou
chalan chargé de diz muids de
sel. » De *charrier*, *char*. III,
40, 286.

CHARPENTAGE, xvi⁰ s. Travail,
œuvres de charpenterie de menuiserie, de busserie. De charpentier,
du lat. *carpentarius*. carrossier
et *carpentum*, char. III, 125.

CHARRIÈRE, xvi⁰ s. Grand bac,
bateau plat assez large pour contenir une ou plusieurs voitures,
dont se servaient les passeurs de
rivières : « de la charrière du travers de Loire, iiij d. » Poitou,
charre, *charrère*, de *char;* bas
lat. *charreria*. III, 117.

CHASTRIZ, CHASTRIS, xiv⁰ s. Mouton : « moutons, chastriz et oulles,
les trois bêtes de péage, ob. »
Cette nomenclature d'animaux de
l'espèce ovine, montre, par un
nouvel exemple, qu'au xiv⁰ siècle
mouton était particulièrement le
nom du mâle de la brebis, qu'on
a appelé plus tard bélier, et

chastri le nom du mâle châtré, qu'on appelle aujourd'hui mouton. Le mot mouton toutefois s'employait aussi, comme de nos jours, dans une acception générale pour désigner l'espèce entière des bêtes à laine : « pour fardeau de peaux de petites bestes, savoir veaulx, moutons et semblables, v d. » Il est à remarquer que dans aucune des pancartes des péages de la Loire le mot *bélier* ne se rencontre. Poitou, *châtris;* dans la vallée de la Saône *chastron :* « doit la douzaine de *chastrons,* d'*ouailles,* iij d. (P. S. 1. 8). Du lat. *castrare, castratus.* III, 205, 284, 379. V. oulle.

CHAUDERONNÉE, xv⁰ s. Chaudronnée, la contenance d'un chaudron, équivalente à la contenance d'un baril, mesure appliquée à l'assiette des péages. De *chaudron.* III, 284.

CHAUFFAUT, v. chaffault.

CHAUSSÉAGE, xviiiᵉ s. Droit levé, pour l'entretien des chaussées, sur les chars et chevaux cheminant. De *chaussée, chaussie,* bas lat. *calcegium, calceia, calcea,* du lat. *calcare, calcatus.* II, 259.

CHAVENIS, CHENEVEUX, CHENEVEULX, CHENEVIERS, xvᵉ s. Chenevis, graine de chanvre. Bas lat. *canna,* du lat. *cannabis.* II, 246; III, 98, 102, 124.

CHÉANT, xv⁰ s. Tombant, part. prés. de *cheoir.* II, 210. V. cheu.

CHEMIN DE L'EAU, xvᵉ s. Voie, chenal d'une rivière navigable. II, 149. V. cheoite.

CHENEVEULX, v. chavenis.

CHENEVEUX, v. chavenis.

CHENEVIERS, v. chavenis.

CHEOITE, ESCHEOITE, xv⁰ s. Chute : « par la cheoite et trébuchement dudit pont... et par icelle eschoite le chemin de l'eau a esté tellement empeschié, qu'il...» De *cheoir,* d'où *eschoite, échoite,*

eschéate, eschèète, échute, succession, succession collatérale, biens dévolus au seigneur, bas lat. *escaeta, eschaeta, escheta, escadentia,* du lat. *cadere, ex* et *cadere.* III, 149, 150.

CHESTEL, xv⁰ s. Château. *Chastel, castel,* du lat. *castellum.* III, 265.

CHESTIVELLE, xvi⁰ s. Menus brins de bois, rameaux, osier : « pour millier de chestivelle ou rotrée, x d. » De *chestis, caistiz, castis,* chétif, de mince valeur, ital. *cattivo,* du lat. *captivus.* III, 379. V. rotée.

CHEU, xvi⁰ s. Choit : « ou travers du ruisseau qui cheu en la rivière de Dampierre. » De *cheoir,* lat. *cadere.* II, 435.

CHEVALIS, CHEVALLIS, xviiᵉ s. Chenal, voie creusée dans le sable d'une rivière navigable, pour le passage des bateaux. *Chevaler,* faire un chenal dans le sable d'une rivière, JAUBERT. II, 524.

CHEVANCE, xvᵉ s. Bien, négoce, gain, profit, espérance : « que des griefs par là occasionnés résulte enchérissement des marchandises de la moitié et plus, que plusieurs marchands en sont détruits et déserts de leurs chevances. » De *chevir,* traiter, composer, transiger, faire affaire, négocier, trafiquer, vendre, mettre à chef, de chef, du lat. *caput.* III, 11.

CHEVÉCIER, xvi⁰ s. Dignitaire ecclésiastique, celui qui a la garde du chœur : « disoient que de la dotacion de l'église collégiale Monseigneur St Martin de Tours, et des dignitez de chambrier et chevécier d'icelle église, leur competent plusieurs beaulx droiz. » Bas lat. *capiliarius,* de *capilium,* chevet d'une église, sanctuaire, du lat. *caput, capitis,* v. DU CANGE, sous *capilium.* III, 178.

CHEVÉCIER, xvi⁰ s. Batelier chef,

celui probablement qui se tenait à l'arrière, sur le point supérieur (chevet) du bateau, à la barre du gouvernail, pilote : « pour huit autres compagnons qui ont servy de mariniers et chevéciers à conduire lesd. tirotz du Roy. » Cf. *chevet*, partie la plus élevée d'un champ, LALANNE. II, 550. V. ci-dessus chevécier.

CHEVENNE, xve s. Chevanne, cheveneau, poisson. *Chenevel*, bas lat. *cheneverium*. III, 220. V. truetz.

CHEVIR A (quelqu'un), xve s. Traiter, composer, transiger. III, 28, 88. V. branler et chevance.

CHÈVRE, xvie s. Outre : « une chèvre d'huile d'olives, ij d. t. (de péage). » De chèvre, animal avec la peau duquel l'outre était faite. III, 68.

CHEVRETTE, xviie s. Ouvrage construit dans le lit d'une rivière, jetée, digue, épi : « douze hommes qui ont vacqué durant trente une journées ouvrables à arracher une chevrette, laquelle estoit dans la voye navigable, avoir aussy araché d'autres bois qui estoient dans l'eaue. » V. JAUBERT. II, 495.

CHIFFLET, xviie s. Sifflet. *Siblet*, bas lat. *sibulus*, *sibilus*, du lat. *sibilum*. II, 250.

CINQUIN, xviie s. Fût ou vaisseau dont la contenance était du cinquième de celle du tonneau, employé notamment au transport ou pour la jauge de l'huile : « pour chacun tonneau d'huile, ledit tonneau revenant à cinq cinquins, en sera payé iiij s. ij d. t. » De *cinq*, lat. *quinque*. III, 89.

CITOUART, v. zédouart.

CLAVELÉE (cendres de), xve s. Cendres gravelées. De *gravelle*, sable, bas lat. *gravela*, *gravella*. V. LITTRÉ. III, 124.

CLAVEURE, xvie s. Fermeture au moyen d'une clef, serrure : « pour huche nenfve sans claveure, iij d. (de péage). » Du lat. *clavis*. III, 195, 242.

CLOESQUE DE BOTTE A MENER POISSON, xvie s. Cloaque, enclos, botte, case, compartiment de botte, de vivier flottant. III, 72. V. esclo et botte.

COCHE, xvie s. Souche, bûche : « du cent de bois à brûler, quatre coches. » *Choque*, bas lat, *choca*, ital. *ciocco*. III, 141.

CODIGNAC, xviie s. Cotignac, confiture de coings et de cognasses (coings sauvages). Ital. *cotognato*, du lat. *cotonius*, *cotoneus* qui vient du cognassier ; *cotoneum malum*, *cydonium* coing ; *cydonites*, *cydonitum*, χυδωνίτης, boisson faite avec des coings. II, 396.

COGNOSSANCE, xive s. Connaissance. Du lat. *cognoscere*. II, 194.

COGNU, COGNNU, xvie s. Connu. Du lat. *cognitus*. II, 54 ; III, 25.

COIGNASSE, xvie s. Cognasse, coing sauvage. De coing, lat. *cydonium*. II, 396. V. codignac.

COIGNER, CONGNER, xive s. Fendre au moyen du coin ; bois *congné*, fendu, par opposition à bois rond : « bois congné, chacune chartée, iiij d., bois rond, chacune chartée, ij d. » De *coing*, *couingnie*, coin, du lat. *cuneus*. III, 124, 206.

COLÉE, xive s. Coup sur le col, coup d'épée sur le col, coup d'épée, coup : « quent les colées sont réputées colées à sanc. » *collée*, *coleie*, *coulée*, prov. *colada*, ital. *collata*, du lat. *collum*, col. V. DU CANGE sous *alapa*. III, 393.

COLIÉVER, xve s. Lever (un péage) ensemble, de concert, être coïntéressés dans la levée d'un péage. *Co* et *lever*, *cum levare*. III, 364.

COMBRES, xvᵉ s. Bois, pieux, batardeaux, barrages, plantations, engins fixes, dans le lit des rivières, destinés à arrêter et retenir le poisson, à protéger les rives et berges, à fixer les alluvions; tas, encombrement de terres, de pierres. Bas lat. *combra, cumbra, cumbri, cumbrus*, du lat. *cumulus*. Cf. esp. *cumbre*, cime, faîte. II, 7, 418. V. obster.

COMMANDE, xviᵉ s. Câble à l'usage des mariniers et baliseurs, servant à maintenir le bateau sur son ancre, ou à l'attacher sur une boucle, sur un pieu fixe, corde de l'ancre, amarre : « pour une commande pour lyer le chalain et des linguans, xvᵉ s. (prix d'achat). » Bas lat. *commenda*, tutelle, protection. II, 427, 455.

COMMANDISE, xivᵉ s. Droit perçu sur les marchandises voiturées par eau, prix de la sûreté garantie à la marchandise ou au voyageur par le seigneur péager, tribut distinct, à Tours, du droit de péage proprement dit et souvent levé en sus : « sel doibt pour chacun muid, xij d. ob., pour péage, iij d. ob., pour commandise, ix d. ; — vin doibt pour chacun tonneau, xx d., de péage, v d. de commandise, xv d. ; — pour chascune beste, c'est à sçavoir asnes, porcs et vaches, de péage ob., pour chacun bœuf de commandise, j d. ; — chacun chalan qui mène pèlerins doit de commandise une fois l'an tant seulement, vi d. t » Bas lat. *commendisia, commendia*, de *commenda, commendatio*, tutelle, protection, *commendare*, demander protection, du lat. *commendare*. V. Du Cange. II, 204; III, 63, 198.

COMMUNALITÉ, communité, xvᵒ s. Communauté. Bas lat. *communialitas*, du lat. *communitas, communis*. II, 27; III, 261.

COMMUNELMENT, xivᵉ s. Communément, généralement, ordinairement, habituellement : « la partie convincue (de coups avec effusion de sang) en ladite ville et banlieue (de Blois), paie lx l. soit ce que ailleurs communelment ne paie que lx s. » De *commune*, qui a donné *communal, communalité ;* du lat. *communis, communiter*. III, suppl. nᵒ 997, vi, xxix. V. communalité et converser.

COMMUNITÉ, v. communalité.

COMPAROIR, se comparoir, xvᵉ s. Comparaître : « auroit fait appeler tous les marchands des ponts de Sée à comparoir devant nous; — Pierre Tironeau, enquesteur se comparût illec en lad assignation ; — se sont compareuz et présentez devant nous. » Du lat. *comparere*. II, 9, 25, 523.

COMPARU (est), xviᵉ s. A comparu. II, 29.

COMPTEREAUX, xviiiᵉ s. Comptes, états de recettes : « suivant les comptereaux certifiez des buralistes. » De compter, du lat. *computare*. II, 304.

COMPTEROLLE, xviᵉ s. Contrôle : « avoit érigé en office un compterolle desd. deniers. » De *compte*, lat. *computus*, et *compter, computare*. II, 226.

COMPTEROLLEUR, controeller, xviᵉ s. Contrôleur. De *compterolle*. II, 225. 226.

CONCLUER, xvᵉ s. Conclure. Du lat. *concludere*. III, 274.

CONDÉLÉGUÉ, xviᵉ s. Délégué à une fonction conjointement avec un autre. Con, *cum*, et *délégué*, *delegatus*. II, 38.

CONDUICT, xviiᵉ s. Conduite, transport de marchandises d'un lieu dans un autre; droit de — péage levé sur le transport des marchandises pour prix de la sûreté garantie à ce transport. Bas lat. *conductus*, du lat. *conducere*, *conductum.* III, 313. V. brieulx.

CONDUISEUR, xv⁰ s. Conduisant, qui conduit, conducteur : « conduiseurs desdits chalans. » III, 90, 234.

CONGNER, v. coigner.

CONGNU, v. cognu.

CONGRÉGACION, xvⁱ⁰ s. Assemblée, réunion. Lat. *congregatio*, de *congregare.* II, 40,

CONGRÉGER, xvⁱ⁰ s. Réunir, assembler. Lat. *congregare.* II, 27.

CONIL, CONIN, xvⁱ⁰ s. Lapin. Du lat. *cuniculus.* III, 117.

CONIN, v. conil.

CONSIGNALÉ, xvⁱ⁰ s. Signalé, recommandable, illustre. Du lat. *cum* et *signare, insignis.* II, 271.

CONTEMNER, xv⁰ s. Mépriser. Lat. *contemnere.* III, 14.

CONTENDRE, xvⁱ⁰ s. Élever une prétention, contester, débattre. Du lat. *contendere.* II, 479.

CONTREBAS, xv⁰ s. Contre le bas de, à l'aval de, en descendant : « vins menez contrebas ladicte rivière. » III, 240, V. abas.

CONTREMONT, xv⁰ s. Contre une rivière, c'est-à-dire contre son courant, en la remontant, par opposition à contreval et contrebas : « vins menez contremont la rivière de Loyre ; — sel mené contremont Loyre. » *Contre* et *mont,* contre le mont, la montagne, le haut de la vallée d'où sort la rivière. III, 240, 278. V. amont.

CONTREOLEUR, v. compterolleur.

CONTREVAL, xvⁱ⁰ s. A l'aval, vers le bas de la vallée, du côté de l'embouchure d'un fleuve, en le descendant, par opposition à contremont : « si le vin est mené contreval. » *Contre* et *val,* contre le val. III, 278. V. val.

CONVETTEUX, xvⁱ⁰ s. convoiteux, intéressé, âpre au gain. Bas lat. *cupidiosus,* ital. *cubitoso,* du lat.

cupidus. III, suppl. n⁰ 997, xvii. V. gouverneur.

CONVERS, xvⁱ⁰ s. Jeune alose. III, 201. V. truetz.

CONVERSER, CONVERSSER, xiv⁰ s. Circuler, aller et venir en une même contrée, sur une même rivière, y séjourner, y demeurer, y vivre, y exercer sa profession ; se réunir sur un point, dans une ville pour commercer : « tous marchans conversans et repérans sur la rivière de Loire ; — car de tout temps la ville de Blois est repputée ville marchande et là où communelment grant quantité de marchans tant de la rivière de Loire comme d'ailleurs, ont acoustumé de converser. » Lat. *conversari.* III, 280, suppl. n⁰ 997, xxix.

CONVERSSER, v. converser.

CONVERTIR, xv⁰ s. Tourner à, employer à une destination, s'appliquant particulièrement à l'emploi des deniers : « pour les deniers qui en ystront être convertiz et employez en la reddification dudit pont ; — pour convertir au fait dudit pont. » Du lat. *convertere.* III, 81, 82.

CONVETIZE, v. covoitise.

COP, xv⁰ s. Coup. *Colp, cops,* bas lat. *colpus, colaphus,* ital. *culpo,* esp. *golpe,* du lat. *colaphus,* coup de poing. III, 265. V. colce.

COPONAGE, xviiⁱ⁰ s. Droit levé sur le mesurage des grains. Bas lat. *coponagium,* de *copa, coppa,* vaisseau servant de mesure pour les grains, du lat. *cupa, cuppa,* vase en bois. III, 51.

CORBE, CORBÉE, xvⁱ⁰ s. Courbe, membrure, genou de bateau. Du lat. *curvus, curvare.* III, 90, 124. V. sentine à corbées.

CORBÉ, xv⁰ s. Qui est à courbes : « pour sentine corbée neufve, iiij d. p. » III, 59. V. corbe et sentine à corbe.

CORBÉE, v. corbe.

CORDELÉ, xvie s. Cordé, entouré d'une corde, serré par une corde : « fardeau cordelé ou non cordelé. » Du lat. *chorda*. III, 90.

CORDILLAT, xviie s. Cordillas, grossière étoffe de laine : « cordillat d'Espagne. » Esp. *cordellate*, de *cordel*, cordeau. II, 251.

CORDOAN, v. cordoen.

CORDOEN, CORDOUEN, CORDOAN, CORDOUAN, xve s. Cuir pour les chaussures. De Cordoue, nom de la ville d'où ce cuir était tiré. III, 80, 93, 147, 228.

CORDOUAN. v. cordoen.

CORDOUEN, v. cordoen.

CORNAUL, xvie s. Corne, coin : « pour le cornaul ou coing de chacun lict, iiij d. (de péage). » Du lat. *cornu*. III, 91.

COTHERET, COTTERET, COUTERET, COUSTERET, COUSTEREL, xve s. Fût, baril à contenir vin, huile ; sixième partie du muid de Chartres, DUCANGE, sous *costerellum* ; un peu plus du quart du tonneau d'huile de cinq cinquins (un cinquin, un tiers environ), d'après la pancarte du péage de Givry où un article tarifant le cotteret d'huile à 13 d. ob. = 27 oboles, fut remplacé en l'année 1600, par un article tarifant le tonneau de cinq cinquins à 4 s. 2 d. = 100 oboles ; — mesure pour les liquides. Bas lat. *costerellum, costretum, costeretum,* de *coste, costa,* panier, du lat. *cista. Basse costère,* hotte à vendanger, *costeret,* corbeille à mettre poisson, DUCANGE, ibid. II, 313 ; III, 88, 89.

COTTE, xvie s. « Pour traite de cotte et de batterie, iiij d. t. » Le rapprochement des deux mots batterie et cotte dans un même article de pancarte de péage, semble indiquer que cotte désigne ici des cottes de maille. Bas lat.

cotta, angl. *coat,* all. *kutt, hutte, kittel.* III, 227, v. balterye.

COTTERET, v. cotheret.

COULPE, xive s. Faute. Lat. *culpa.* III, suppl. no 997, xxii. V. née.

COURRETAIGE, xve s. Courtage, Bas lat. *corratagium,* de *courtier, couratier, curatier,* bas lat. *corratarius curaterius,* qui prend soin, du lat. *cura, curare.* II, 316.

COUSTEREL, v. cotheret.

COUSTERET, v. cotheret.

COUSTERON, xve s. Fût, baril à mettre miel, le quart de la pipe vraisemblablement : « une pipe et deux cousterons de miel. » *Costarez,* le même mot que *cousteret,* II, 281. V. cotheret.

COUTERET, v. cotheret.

COUX, xve s. Queux, pierre à aiguiser. *Cueux,* bas lat. *cotella,* du lat. *cos, cotis.* III, 221.

COVETIZE, v. covoitise.

COVOITISE, CONVETIZE, COVETIZE, xive s. Convoitise, cupidité. Bas lat. *cupiditia.* III, suppl. no 997, xviii. V. convetteux.

CRÉE, xvie s. Mesure de longueur appliquée à l'aunage de toiles qu'on tissait en Bretagne. Du texte qui suit il semble résulter que cette mesure était employée pour l'aunage des toiles blanches, tandis que les toiles écrues étaient mesurées à la verge : « pour chacune charge de toille blanche de Bretagne, à trois cens créés pour charge, xL s. ; pour charge de toile crue, brin de la façon de Dinanois, à trois cents verges pour charge, xvi s. viij d. » Des let. pat. de 1780, citées dans le dict. de Littré, donnent le nom de *crée* à la toile même. Esp. *crea,* sorte de toile. III, 316.

CRESEAU, xviie s. Etoffe de laine croisée. De *croiser, croix, cruz,* lat. *crux.* II, 250.

CROISTRE, xive s. Accroître, augmenter, aggraver : « car il n'est point à présumer que Monsr (le comte de Blois) et ses prédécesseurs, qui ont été de si noble consience et bonne renommée, eussent volu, par temps de guerre, croistre leurs droiz. » Du lat *crescere, crescit*. III, suppl. no 997, XXVIII.

CROIX, xvi s. Croc, crochet. Bret. *krôk*. II, 455, v. paraiger.

CROYE, xvie s. Craie. Du lat. *creta* III, 199.

CRUBLE, xvi s. Crible. Du lat. *cribum*. III, 140.

CRUE, xve s. Péage supplémentaire, augmentation du taux d'un péage. De croître, lat. *crescere*. III, 14.

CUAU, CUAUL, xvie s. Petite cuve, *cue, cube*, esp. *cuba*, du lat. *cupa*. III, 125, 271.

CUAUL, v. cuau.

CUEILLAIGE, xvIIe s. Droit levé à Nantes sur les sels arrivant par eau, établi sur leur récolte ou cueillage. De *cueillir, quillir*, du lat. *colligere*. III, 312.

CUIDIER, xve s. Cuider, penser, croire, vouloir : « et que pour cuidier faire désister les diz complaignans. » Du lat. *cogitare*. III, 274, 436, v. baisser.

CUEUR, xvie s. Cuir : « pour cueurs à éguiser, un chef d'œuvre. » V. cuirau.

CUIRAU, xvie s. Cuir. Peut-être le même mot que *cuiret, cuirée*, peau dépouillée de sa laine mais qui n'avait pas encore passé en mégie, bas lat. *cuirena*, du lat. *corium*, χόριον. III, 316.

CUISSOT, xvIIe s. Cuissard, partie de l'armure qui couvrait les cuisses. Bas lat. *cuissetus*, de *cuisse*, lat. *coxa*. III, 210.

CUREAU, xve s. Ecureuil, peau, fourrure d'écureuil : « le faiz à un homme de ver ou de cureaux. » Bas lat. *squirolus*, du lat. *sciurus*. III, 126.

D

DACE, xvie s. Impôt, tribut. Bas lat. *datia, data, datarium, daticus, tributum quod à datitiis vel victis exigitur*, Du CANGE. Du lat. *dediticius*, qui a capitulé, qui s'est rendu. III, 32, 321.

DACIGNÉ, xvie s. Drap d'Acigné, en Bretagne, qui se fabriquait dans le bourg de ce nom : « pour chacune charge de Dacigné. » III, 315.

DAMAS CAFFART, xvIIe s. Damas cafard, mêlé de soie et de fleuret. Le mot *caffart, caphard*, du bas lat. *caphardum*, capuchon (Du CANGE), servit au xvie s. à désigner les faux dévots, les hypocrites ; devint-il adjectivement

synonyme de faux, et est-ce en ce sens qu'il qualifie ici le substantif damas ? ou bien ce nom fut-il donné à l'étoffe, du vêtement, capuchon, à la confection duquel on l'employait ? Parfois, le mot damas était laissé à l'écart et on se servait du mot *caffart* seul pour désigner ce genre d'étoffe. V. TRÉVOUX et ci-dessus le mot *caffart de village*. III, 251.

DAOULLAIGE (tonneau), xvie s. Devait s'entendre du tonneau *douellé*, formé de *douelles*, c'est-à-dire du tonneau fût réel, équivalant à la pipe, par opposition au tonneau mesure ou quantité de compte qui était de deux pipes, c'est du moins ce qui semble résulter d'un article de la pancarte du péage de Montejan, ainsi conçu : « pour chacun tonneau de vin fourny de deux pippes, iiij d., le tonneau daoullaige est à la voulunté dudict seigneur d'en prendre acquit ou non. » De *douelle*, bas lat. *doela*. III, 271. V. dollé.

DAULPHIN, xvᵉ s. Pâtisserie, gâteau sucré. III, 548.

DÉCROY, xvIIᵉ s. Décroissance, diminution d'une monnaie, abaissement de son cours. De *décroitre*, lat. *decrescere*. II, 302.

DÉGITER, xIVᵉ s. Rejeter, jeter hors, chasser, déposséder d'une chose, d'un droit : « et aussi (le comte de Blois) en bonne saisine et pocession de en dégiter les marchans requérans les denrées, appareilz et chalans périllés leur estre renduz. » *Dégieter, dégeter, déjeter. Dé* et *geter*, du lat. *jactare*. III, supp. nᵒ 997, xI.

DEHU, xvᵉ s. Dû, partic. du verbe devoir. III, 65. V. deuhz.

DÉLAYANT, xvᵉ s. Qui prend, se donne ou demande délai : « adjourne les opposans, refusans ou délayans. » *Délayer*, bas lat. *dilatare*, du lat. *dilatum*. III, 300.

DÉMENER, xvᵉ s. Mener, conduire, gouverner : « soient jceulx procès poursuis et démenez ou nom desd. nɪarchans. » *Dé* et *mener*, du lat. *minare*, pousser devant soi, mener. II, 2.

DÉPÉRI, xvᵉ s. Qui a péri, qui est détruit : « marchandises aventurées, afondrées ou dépéries en la rivière. » Partic. passé de *dépérir*. II, 193. V. péri.

DÉPRI, DÉPRY, xvᵉ s. Déclaration que faisait, devant le bureau de péage, le marchand ou batelier conduisant marchandise franche, de la nature de son chargement; ainsi appelée de ce qu'elle contenait prière implicite de laisser passer, en raison de l'exemption dont jouissait le chargement. Certaines pancartes de péage imposaient une formule sacramentelle et accompagnée quelquefois de formalités bizarres. De *déprier*. III, 241, 242.

DÉPRIER, xvᵉ s. Prier, demander passage franc, libre : « ne sera rien payé au port et péage de Givry, pour le vin qui sera chargé en Bourbonnois, ains passera franc dudit péage, en dépriant toutefois et faisant apparoir le certificat comme il (le vin transporté) auroit esté vendu et chargé audit pais de Bourbonnois. » Du lat. *deprecari*. III, 88, 241. V. dépri.

DÉPRY, v. dépri.

DESCOMBREMENTS, xvIIIᵉ s. Décombres : « les rivières sont en très-mauvais état par le grand nombre des descombrements dont elles sont remplies. » II, 534. V. combre.

DESCORDER, xvIᵉ s. Enlever les cordes ou ficelles d'un ballot cordé : « pourra faire desballer et descorder lesd. balles ou paqués. » De *des* pour *dé* et *corder*. II, 71. V. cordelé.

DÉSERCION, xvᵉ s. Abandon d'une voie, d'un chemin, par le public ; état d'un chemin rendu désert par l'abandon des passants : « véans la désercion du pont de lad. ville.» Lat. *desertio*. III, 78.

DÉSERT (être), xvᵉ s. Etre déserté, abandonné, privé, déçu, trahi dans une espérance. Du lat. *deserere, desertus*. III, II. V. chevance.

DESPENDRE, xvᵉ s. Dépendre, dépenser. Du lat. *dependere*. II, 540.

DESPESCHER, xvᵉ s. Désempêcher, enlever les empeschemens, débarrasser, rendre libre : « pour despescher la voie en la rivière d'Oudon. » De *des* et *pescher* pour *empescher*. II, 433.

DESPIÉÇA, xvɪe s. Dès ; depuis temps, laps de temps, longtemps : « led. demandeur maintenoit que despiéça et dès le vivant du roy Charles septiesme... » De *dès*, depuis, du lat. *de, ex,* et de *piéça, piecha ;* ce dernier mot composé lui-même, de *a y a, il y a* et *pièce, piéche,* morceau, bout, espace de temps, temps, bas lat. *pecia, petia, petium, petius ;* ital. *pezza, pezzo,* « é *gran pezza, pezzo,* il y a longtemps ; » esp. *pieza,* port. *pieça ;* du Kymri *peth,* bret. *pez, pec'h,* morceau, d'après Burguy ; du grec πεζα, pied, bord, extrénité, d'après Diez et Gachet. V. ces auteurs et Du Cange sous *pecia.* III, 134.

DESRYVEMENT, xvɪᵉ s. Action des eaux d'un fleuve sortant de leur lit, franchissant leurs rives, dérivant : « gens assiégez en leurs maisons au moien de la grande crue, desryvement et inondation des eaux de la rivière de Loire. » Du lat. *derivare.* II, 466.

DESTENIR, xvɪᵉ s. Retenir, empêcher, arrêter : « et est souvent destenu malade. » Du lat. *detinere.* II, 46.

DESTOURBIER, v. détourbes.

DESTRANCHER, xvɪᵉ s. Découper en tranches. *Des* pour *dé* et *trancher.* III, 206.

DESTROIT, détroit, xvᵉ s. Point d'une rivière navigable où le passage est difficile, resserré : « ont vacqué à baliser ès-détroit du péage de Saint-Germain-des-Foussez. » Par extension, la portion de rivière, le cantonnement dont chaque délégué des M. F., préposé au balisage, avait la surveillance : « procès-verbaux de l'état desd. rivières qui seront signés par lesd. déléguez, chacun dans leur détroit. » Du lat. *districtus.* II, 33, 529 et *passim.*

DÉTOURBES, DESTOURBIER, xvɪɪᵉ s. Obstacle, opposition, difficulté :

« sans aulcun destourbes ne empeschement. » De *destorber, destourber,* bas lat. *desturbium,* du lat. *disturbare,* bouleverser, disperser. II, 89 ; III, 9, 134.

DÉTRUIT (être), xvᵉ s. Etre privé de son bien, mis dans l'impossibilité de continuer son négoce, de faire face à ses affaires, ruiné. Du lat. *destruere.* III, II. V. chevance.

DEUBZ, xvɪᵉ s. Dus. Du lat. *debitus.* II, 33.

DEULER (se), xɪvᵉ s. Se lamenter, se plaindre : « car se ung homme frappe ung aultre et que sanc en isse, monseigneur (le comte de Blois), en lad. ville et banlieue (de Blois), a droit d'amende de lx livres, pour quoy la partie se deule. » *Doleir, doler, dieuler, douloir, doloir,* bas lat. *dolorare,* du lat. *dolere.* III, supp. nᵒ 997, vɪ.

DÉVALER, v. avaller.

DEVÉE, xvᵉ s. Chemin : « quant la rivière de Loire est si grande qu'elle passe entoure une grosse pierre assise près de devée, » (assise près du chemin). Le même mot que *vée,* voie, du lat. *via.* III, 268.

DÉVESTIR (se), xvᵉ s. Se dévêtir, se départir d'un droit, y renoncer : « de tout le droit que lesd. vendeurs y avoient, ils s'en sont dévestuz et dessaisis et en ont revestu et saisi mondit seigneur le Duc. » *Disvestir,* bas lat. *disvestire, dis* pour *de* et *vestire.* III, 47.

DHUICT, v. duiz.

DHUYS, v. duiz.

DOLLÉ, xvᵉ s. Dolé dégrossi, à la doloire : « tou marrian (mérain) dollé, par où doulouère a couru. » Converti en douelles. Partic. de *doller, doler,* lat. *dolare, dolatus.* Cf. Du Cange sous *doela, doleria, dolatorium.* III, 271.

DOLOUÈRE, xvᵉ s. Doloire. Du bas lat. *doleria, dolatoria, dolabrum,* du lat. *dolabra.* III, 271. V. dollé.

DORIOLE, DORIOLLE, xvᵉ s. Dariole. Gâteau dans lequel entraient de la crème et du sucre. II, 548.

DOUBLAGE (droit de), xviᵉ s. Doublement d'un tribut, d'un péage. De *doubler, dobler,* bas lat. *dollare,* qui a dû donner, *doblatium,* du lat. *duplicare, duplicatus.* III, 286. V. trentin.

DOUBTE, DOUBTRE (la), xvᵉ s. Crainte : « pour doubte desquelles menaces yceulx complaignans n'osent vacquer au fait de leurs marchandises ainsi qu'ilz souloient; — pour doubtre des dessus diz et autres de ladicte garnison, comme pour la doubte des angloys et autres gens d'armes qui communément destroussent les gens sur le pays. » *Doubtance, doute,* bas lat. *dubitancia,* de *douter. doubter, dubitare.* III, 267, 274. V. doubter.

DOUBTER, xvᵉ s. Redouter, craindre : « doubtans ce travail; — à mes très-doubtez et honorez seigneurs, messeigneurs les gens tenant le parlement du Roy, notre Sire, à Poitiers. » *Douter,* du lat. *dubitare.* III, 134, 171. V. doubte.

DOUBTRE, v. doubte.

DUBET, v. dumet.

DUICT, v. duiz.

DUIZ, DHUYS, DHUICT, DUICT, xvᵉ s. Duit, chaussée, digue, construction dans le lit d'une rivière destinée à maintenir, détourner ou diriger le cours de l'eau. Du lat. *ductus,* conduit. II, 7, 82.

DUMET, DUBET, xviᵉ s Duvet. Poitou, *dume ;* bas lat. *duma,* all. *daunen,* angl. *down.* III, 98, 103.

E

ÉBUNDANT (d'), xviᵉ s. D'abondant, de rechef, surabondamment. II, 18.

ÉCHEAU , v. assejault.

ÉDIFFIER , xviᵉ s. Construire. Lat. *œdificare.* II, 54, 143; III, 154. V. yssir.

EFFONDÉ , xivᵉ s. Mis à fond, coulé bas : « batteau effondé et périllé en la rivière de Loire. » III, supp. nᵒ 997. V. enfondrer.

EFFONDRER, v. enfondrer.

EMBASTONNÉ, xvᵉ s. Muni de bâton, de bâton plombé, d'épieu; par extension, de toute arme offensive, armé : « armez et embastonnez d'armes invasives et défendues. » *Embastonné, abastonné, bastonné,* de *baston,* bas lat. *basto,* ital. *bastone.* III, 265.

EMPAREMENS, xvᵉ s. Clôtures fortifiées, remparts : « plusieurs réparations, emparemens et fortificacions que iceux exposans ont encommencées. » D'*emparer,* bas lat. *emparamentum, d'emparare,* du lat. *in* et *parare.* III, 149.

EMPÉTRER , EMPECTRER , xivᵉ s. Obtenir : « au cas que les marchans empétreroient, devers le Roy, que ledit trespas cessast. » Lat. *impetrare.* II, 194; III, 237.

ENCOMMANCER, xvᵉ s. Commencer. Ital. *incominciare,* de *com* et *initiare.* II, 44; III, 149.

ENFONDRER, EFFONDRER, xviᵉ s. Aller au fond, s'enfoncer dans l'eau : « pour la perte d'un chalan qui par le hurt qu'il fist contre le pont de Baugency, périt et enfondra. » II, 437. V. afondré, effondé et ouzée.

ENFUSTER, xvi⁰ s. Enfutailler, mettre en fût : « fust neuf à enfuster vin. » De *en* et *fust*, Poitou *enfutai*. III, 141. V. fustage.

ENGIN, xvi⁰ s. L'ensemble des outils, cordages, ustensiles, machines, agrès nécessaires pour le service du balisage. Du lat. *ingenium*, esprit, habileté, aptitude aux arts mécaniques, aux industries, d'où ce nom lui-même, donné à un ensemble des instruments que tel art, telle industrie emploient. II, 15, 455.

ENSEMBLEMENT, xvi⁰ s. Ensemble, en même temps. Du lat. *in* et *simul*. II, 18.

ENSUYR, ENSUIR, xv⁰ s. Ensuivre : « mestons au néant lesd. appellacions et tout ce qui s'en seroit ensuy. » *En* et *suyr*, du lat. *inde* et *sequi*. II, 21 ; III, 83.

ENTENCION, xv⁰ s. Intention. Lat. *intentio*. III, 82.

ENTRECOURS, xv⁰ s. Circulation réciproque entre diverses seigneuries ou provinces : « en quoy (exactions des péagers) lesd. marchans, la chose publique de nostre royaume, ensemble l'entrecours de la marchandise, sont grandement intéressez et endommagez. » Du lat. *inter* et *currere*, *cursum*. III, 15.

ENTRETÈNEMENT, xvi⁰ s. 1. Entretien, maintenue de certaines choses en état, travaux à ce nécessaires : « deniers emploiez en balisemens et entretènement des canaulx d'iceulx fleuves. » 2. Entretien de la personne, dépense que demandent le vêtement et diverses nécessités de la vie : « à Hillaire Martin pour son vivre et entretènement, affin de poursuir les procès et autres affaires desd. marchands à Paris et ail-

leurs. » D'entretenir, bas lat. *intertinentia*, d'*intertinere*, ital. *intrattenere*. II, 21, 227, 345.

ENVECQUER, xvi⁰ s. Évoquer. Du lat. *evocare*. II, 48.

ÉPOUSETTE, v. espoussette.

EQUIERDE, xvi⁰ s. « Pour chacune charge de poil à queue de cheval, x s., pour chacune charge équierdes vielles, xi s. viij d., pour chacune charge sauvagine, xl s. » Le mot *équierde*, d'après le texte de cet article de pancarte de péage, la place qu'il y occupe et son étymologie vraisemblable, devait signifier peau de bête chevaline, de cheval abattu, conservant son poil, d'*èque*, *equa*, jument, *equus*, cheval; cf. toutefois *équails*, laine courte, LALANNE. III, 316.

ÉQUIPPE, xv⁰ s. Équipage, mariniers, rameurs montant une barque, dans une joûte nautique, notamment les joûteurs de chacune des barques qui se disputaient le prix : « fut frappée (la quintaine) sans séjour par quatre équippes, c'est assavoir... » D'*équiper*, *ecquiper*, bas lat. *esquipare*, d'*esquieu*, barque. II, 547. V. escaffe.

ESCABELLE, xvi⁰ s. Siége en bois sans bras ni dossier, tabouret. Lat. *scabellum*. III, 106. V. bahu.

ESCAFFE, ESCOF, xvii⁰ s. Bateau, chaloupe, navire, esquif : « a droit de faire lever par chaincun vaisseau, escaffe ou bateau qui amène sel audit Nantes, ij s. » *Esquieu*, esp. *esquife*, ital. *scafa*, lat. *scapha*, σκαφος. III, 318, 319.

ESCALLE, xvi⁰ s. Écaille, coque, enveloppe, coquille : « noix en escalle. » Bas lat. *scalia*, all. *schale*. II, 230.

ESCHALEINE, v. archeloy.

ESCHALEISNE, v. archeloy.

ESCHEAU, v. assejault.

ESCHEAUL, v. assejault

ESCHEGAU, v. assejault.

ESCHEGEAU, v. assejault.

ESCHEISEAU, v. assejault.

ESCHENÉ, xvᵉ s. Chenal, gouttière, gouttière en bois. *Eschenet, escheno, chenau*, bas lat. *chenalis*, du lat. *canalis*. III, 72.

ESCHEOITE, v. cheoite.

ESCHEVER, xivᵉ s. Achever : « eschever les labours. » *Es* pour *a* et *chef*, mettre à chef, du lat. *caput*. II, 194.

ESCHEZEAU, v. assejault.

ESCHIAU, v. assejault.

ESCHIGEAU, v. assejault.

ESCLATANT, xvᵉ s. De nature à éclater, à se briser, se fendre en éclats : « pour ce que les manches de chesne estoient trop esclatans. » D'*esclater, esclier, esclicer*, anc. all. *slizan, sleisan*, all. mod. *schleissen*. II, 417.

ESCLO D'EAU, xviᵉ s. Enclos, compartiment, case d'un vivier flottant : « chacune sentine ou vivier menant poisson, ij s. t. ; — chacun esclo d'eau estant en ladicte sentine iiij d. t. » D'*enclore*, lat. *in* et *claudere*. III. 95.

ESCOF, v. escaffe.

ESCOF (droit d'), xviiiᵉ s. Droit de péage levé sur les bateaux : « droit d'escof et bateau, levé à la prévosté de Nantes. » V. escaffe.

ESCOSSE, xviᵉ s. Écorce : « un monceau d'escosse viij d. p. (de péage). » *Escorce*, du lat. *cortex, corticem*. III, 120.

ESCOUVETTE, xviiᵉ s. Écouvette, balai. *Escoube*, du lat. *scopæ*. III, 251.

ESJOYR, xvᵉ s. Réjouir. *Esjoir, esgoir, es* et *joir, goir*, jouir, du lat. *gaudere*. II, 544.

ESNÉ, v. aisnel.

ESPÉCIAL, ESPICIAL, xviᵉ s. Spécial. D'*espèce*, lat. *specialis*, de *species*. III, 83.

ESPERRENT, xviᵉ s. « A Joseph de l'Espoir, esperrent, demourant ès forsbourgs de Meung, pour passer des mariniers tirans l'aucerée des chalans (mariniers haleurs). » Il s'agit ici, selon toute vraisemblance, d'un batelier passeur, dont le mot *esperrent* indiquerait la profession, si toutefois ce n'est pas un sobriquet ajouté à son nom. Cf. *espériage, esparvage*, office de pilote de rivière : « peuent lesd bourgeois donner l'office de l'espériage en la rivière d'Oulne. » DU CANGE, sous *esparvagium*. Du lat. *pervagari*. II, 445. V. aucerée.

ESPOUSSETTE, ÉPOUSSETTE, xviᵉ s. Époussette, ce qui sert à enlever la poussière, petit balai d'appartement, plumeau, morceau d'étoffe, DU CANGE, sous *espousorium*, plus tard brosse. III, 251, 315.

ESQUILLES, xviᵉ s. Morceaux, fragments, éclats de planches ou de branches fendues, petits ais : « millier d'esseaux, esquilles, rets de roue et ridelles, xv d. t. (de péage), » Du lat. *schidiæ*, copeaux, σχιδίον. II, 231.

ESSAUNE, v. asseaulne.

ESSEAULIN, v. asseaulne.

ESSEAUNE, v. asseaulne.

ESSEYAU, v. assejault.

ESSIÉGEAU, v. assejault.

ESSIF, ESSIL, ESZIL, xviᵉ s. Planches, diminutif d'ais, d'*assis*, comme *esseaune* : « pour millier d'essif, ij d., pour millier d'esseaune, ob. » De cet article de pancarte de péage il résulte que l'essif imposé quatre fois autant que l'esseaune devait être une planche d'une certaine grosseur. La même conséquence serait à tirer des termes d'une quittance de 1595, qui donne une valeur égale (1 sol) au pied de pieux employés à la construction d'une turcie dans la Sarthe et au pied « d'essif de vieil bapteau, pour mettre en travers desd. paulx. » Ailleurs le millier « d'eszil » est tarifé au même denier que le millier de merrein. *Esselle*, *essellete*, bas lat. *essella*, petit ais, d'où *esselée*, clôture en menues planches et *esselleter ; esseule*, *essoula*, bardeau, Du CANGE. Cf. *écilles*, débris, restes de pâture laissés, gaspillés par les bestiaux, LALANNE, et l'étym. qu'il en donne. II, 385; III, 110, 117, 397. V. asscaulne.

ESTABLE, xvᵉ s. Établi, stable : « promettans lesdictz marchans qu'ilz auront à tous jourz mais ferme, estable et agréable, tout ce que... » D'*establir*, du lat. *stabilire*. II, 7.

ESTACHE, xvᵉ s. Mandement de justice, ordonnance du magistrat : « plus a esté payé pour une estache du lieutenant de Mgr le bailli de Cusset, la somme de x s. iiij d. t. » De l'*estache*, pieu, poteau auquel on clouait ou appliquait ces mandements et ordonnances. Bas lat. *estecha*, *estaqua*, *staca*, angl. *stake*, all. *stecken*, bâton, d'où *estachier*, fixer à un poteau, afficher. II, 425.

ESTAGE, xivᵉ s. Résidence obligatoire du vassal sur la terre de son seigneur. Bas lat. *stagium*, *estagium*, du lat. *stare*. III, 249.

ESTAIMMERIE, xvᵉ s. Étain, ustensiles en étain : « poterie de terre ou d'estaimmerie. » D'*estaim*, bas lat. *estagnum*, du lat. *stannum*. III, 70.

ESTOURBILLON, xvᵉ s. Tourbillon, coup de vent, *venti turbo*. II, 436. V. ouzée.

ESTOURNEAU, xviᵉ s. Treuil, cylindre sur lequel s'enroule la corde d'un engin à élever des fardeaux : « trois poullyes de fer de l'estourneau avec l'engin de bois; — à Hervé Petit, maistre char-

pentier, pour avoir façonné ung estourneau au grand angin servans aux balizaiges. » Du lat. *tornus*. II, 455, 499. V. toursterrier.

ESTRIZ, xviᵉ s. Étriers, ce qui sert à étreindre, à contenir : « trois petites commaudes (cordes), trois estriz et sept chevilles de fer. » Dans cette nomenclature d'ustensiles de balisage *estriz* doit s'entendre aussi bien des étriers, anneaux en corde dont se servaient les mariniers, que des étriers en fer qui pouvaient être à l'usage des baliseurs. *Estrie*, *estrainture*, bas lat. *strictio*, angl. *string*, attache, lien, du lat. *stringere*, *strictus*. II, 455.

ESTUCHER, xvᵉ s. Attacher, amarrer : « par ce qu'ils y (à un bâtis en rivière) estuchent leurs basteaulx. » Le même mot qu'*estachier*, d'*estache*, poteau, qui a donné *estacade*. II, 440. V. estache.

ÉTAMINE, ÉTAMET, xviiᵉ s. Étoffe légère, peu serrée. Bas lat. *staminea*, ital. *stamigna*, du lat. *stamen*, fil. III, 251.

EXCUSATION, xviᵉ s. Dispense d'une charge, d'un impôt; état de dispense, d'exemption d'un impôt. *Excusance*, du lat. *excusatio*, *excusare*. III, 134.

EXÉCUTER, xvᵉ s. Poursuivre un débiteur, agir contre lui par voie d'exécution, de saisie : « à Aignan le Vassor, pour vingt deux journées qu'il a vacqué en ung voyaige par luy faict es lieux de... et de là à Nantes, pour exécuter Jehan Ceron, pour la ferme de la Boëte de La Charité. » Du lat. *exsequi*, *exsecutum*. III, 439.

EXÉDER, xviiᵉ s. Excéder, mulcter, frapper : « emprisonnant les voituriers, les exédant et maltraitant » Du lat. *excedere*. III, 75.

EXEMPS, xviiᵉ s. Exemptions : « François le Rebours, prévost d'Orléans, juge des exemps et cas royaux. » S'entendait des causes *exemptées* des juridictions inférieures, dont le juge royal connaissait directement D'*exempter.* II, 144.

EXÉQUTER, xive s. Exécuter. Du lat. *exsequi, exsequutum.* II, 194.

EXPIREMENT, xviiie s. Expiration, fin, terme, d'un bail. D'*expirer,* lat. *expirare.* II, 265.

F

FAICTEMENT, xvie s. Parfaitement, complètement : « deuement, diligemment, faictement et bien. » Du lat. *facere, factum.* II, 225.

FAILLIR, xve s. Manquer, être nécessaire : « réparacions qui failloient aux chasteaux ; — et finablement faillit qu'il les payast (droits de péage) avant que partir. » De *faillir,* bas lat. *fallere,* manquer, du lat. *fallere,* tromper. III, 238, 296.

FAISSEAU, xvie s. Faisceau, liasse, paquet, fagot de cercles, de charniers, de bâtons, fagot de 50 bâtons ou perches, moitié de la javelle. *Fessel,* bas lat. *fassellus. fasculus,* du lat. *fascis.* III, 73, 86, 124.

FAME, xvie s. Femme. II, ii.

FARDEAU, xvie s. Mode de mesurage, d'évaluation pour l'assiette des droits de péage ; quantité de marchandise déterminée par son poids, équivalente à la somme, fixée à 6 on 7 quintaux (péage de Tours), au double du fardeau par terre (péage de Montejan). III, 207, 271. V. fardel.

FARDEL, xvie s. Fardeau. Bas lat. *fardellus,* esp. *fardo, fardillo,* ital. *fardello.* III, 99.

FARDELER, xvie s. Empaqueter, mettre en ballot : « pour chacune pièce de drap, soient en fardeaux ou non fardelée. » De *fardel,* III, 93.

FAULXBOURG, xvie s. Quartier d'une ville situé en dehors de ses murs ou barrières, annexe, bourg parasite, secondaire, nouveau, qui n'est pas le bourg principal, primitif, vrai, d'où *faulx bourg,* faubourg : « tant sur les marchans forains que sur les habitants et demeurans esd. ville, faulxbourg et chastellenie de Jargeau. » Bas lat. *falsus burgus.* Mot qui a son orthographe et sa signification propres dérivant de l'idée de fausseté, et n'est pas, comme plusieurs l'ont pensé et bien qu'il désigne la même chose, une altération de *forsbourg.* V. BURGUY. III, 135. V. forsbours.

FÉABLE, xvie. Féal, fidèle. *Féaul, fédeil,* du lat. *fidelis.* II, 367.

FÉABLEMENT, xvie s. Fidèlement. De *féable.* III, 274.

FEISDRENT, xve s. Firent. II, 547.

FERREUERIE, xviie s. Fers forgés, ouvragés, ferrures, garnitures en fer, œuvres de serrurerie ou ferronnerie : « à Denis Cartault, ferronnier, pour ferreuerie, pour servir au balizage, li l. vi s. » De fer, lat. *ferrum.* II, 510.

FERRONNIER. xviie s. Artisan travaillant le fer, forgeron, marchand d'ouvrages de fer. V. ferreuerie.

FEULLET, xvie s. Falot, lanterne. De *faille,* torche, flambeau, bas

lat. *fala, phaïa*, du lat. *facula,
fax*. Le même mot, par confusion,
suivant Littré, que *farot, fanot*,
du grec φανὸς ou φάνος, d'où
fanal et phare. III, 103.

FEUR (AU), xvᵉ s. Au fur, à raison,
sur le pied : « led. Jehan Pineau
a vacqué le nombre de xx journées au feur de iij l. iiij d par
chacune journée. » II, 427. V.
feur-au-plaige.

FEUR-AU-PLAIGE (AU), AU FUR
L'EMPLAGE, L'EMPLAIGE, L'EM-
PLEIGE xvɪᵉ s. Suivant (au vouloir, à la mesure de) *l'emplage,*
c'est-à-dire l'augmentation et im-
plicitement la diminution, pro-
portionellement : « pour fourni-
ture de vin de Bourgogne xxv s.
t., au fur l'emplage, du plus,
plus, et du moins, moins ; — pour
espicerie, pour chacun millier,
iiij d. t., et au fur l'empleige. »
De *fuer, fur, for*, loi, règle, esp.
fuero, ital. *foro*, du lat. *forum,*
tribunal. d'où l'idée de légalité,
de justice, d'équité. d'attribution,
de répartition exacte et *emplage,
emplissage*, complément, addi-
tion, bas lat. *implagium*, du lat.
implere, impletus, sinon *d'am-
pléer*, lat. *ampliare, ampliatus.*
III. 90, 98, 181.

FÈVRE, xvᵉ s. Forgeron, ouvrier
travaillant le fer. Du lat. *faber.*
III, 126, 194.

FIÉ, xɪvᵉ s. Fief. *Fieu, fiu, feu ;*
ital. *fio, feudo ;* bas lat. *feudum,
feodum ;* lombard, *fader-fium,*
bien paternel ; anc. all. *fihu,
fehu*, island. *fia*, all. mod. *vieh*,
bétail, troupeau. Suppl. nᵒ 997,
ɪɪɪ.

FIEZ, xɪvᵉ s. Fiefs. III, suppl.
nᵒ 997, ɪv. V. fié.

FIL D'INDE, xvɪᵉ s. Soie : « pour le
mercier qui porte ceintures fer-
rées, de laiton, de soye ou de fil
d'inde. » III, 194. 199.

FILATRICE. Etoffe de laine tramée
de fil, de fleuret. III, 251.

FILLANBRE, FILLANDRE, FILLANGE,
xvɪᵉ s. Fils de cordes, ficelle, filet,
franges. *Filanche*, bas lat: *fila-
tum*, du lat. *filum*. II, 497 ; III,
198.

FILLETTE, xvɪᵉ s. Feuillette, moitié du poinçon. Bas lat. *follietta.*
III, 31, 180.

FILZ DE FAME. xvɪᵉ s. Fils de femme,
bâtard : « Jehan, filz de fame. »
II, ɪɪ.

FINABLEMENT, xvɪᵉ s. Finalement,
en fin, pour en finir. Dans ce
sens, bas lat. *finaliter*, de *finis.*
III. 296. V. faillir.

FINER, FINYER, xvᵉ s. Financier ;
composer, aboutir sur une demande d'argent, sur une dépense
devenue nécessaire,en fournissant
des fonds, payer : « ont libérale-
ment finé (les M. F.) et composé
envers Nous (le roi Louis XI) à la
somme de douze mille écus d'or ;
— et en ce (réparation du pont
d'Orléans) ont (les habitants)
finyé et dépendu grans sommes de
deniers. » Bas lat. *finare*, du lat.
finire, finir. II, 219 ; III, 150.

FINS, xvɪᵉ s. Confins, limites : « es
fins et mettes. » Lat. *fines.*II, 459.

FINYER, v. finer.

FLAQUIÈRE, xvɪᵉ s. Pièce de har-
nais de mulet. III, 251.

FLÉAU, xvɪᵉ s. Cabas, panier à
transporter figues ou raisins secs :
« si temps estoit que les figues et
les raisins se peussent acquitter
par fléaux, lors s'acquitteront de
cent fléaux. v. d. » Le même mot
que *fréau, frayel, frayle*, bas
lat. *fraellum*, panier à figues. III,
271.

FLEUR-DE-LIS, xvᵉ s. Pâtisserie,
gâteau sucré, découpé en manière
de fleur de lis. II, 548.

FLEUSTE, FLEUTTE, xɪvᵉ s. Flûte.
III, 98, 107.

FLEUTTE, v. fleuste.

FLORÉE, xvɪɪᵉ s. Espèce d'indigo.
II, 251.

FLUVE, xv° s. Fleuve. Lat. *fluvius*, II, 7. V. obster.

FONSSURE, xv° s. Le fond d'un fût, d'un vaisseau de bois cerclé; œuvre de poser ce fond : « batteau chargé de doubles fonds à faire vaisseaux, de barres à fonssure. » De *foncer* et *fond*, du lat. *fundere*, *fundus*. III, 112.

FORAIN, FORIN, XVI° s. Venant du dehors, étranger. Bas lat. *foraneus*, du lat. *foris*. II, 134.

FORAINE, v. forine.

FORCE, FORCES, FORCIER, xv° s. Ciseaux, ciseaux à tondre les moutons : « pour fardel de laine tondue à force et non lavée; — pour la meule à cousteaux ou à forces. » Du lat. *forfex*, *forfices*. III, 124, 221, 415.

FORINE, FORAINE, XIV° s. Bateau, particulièrement le bateau destiné à porter un moulin : « moulins à bacs et forines, étant sur la rivière; — chacun bach ou forine. » II, 489; III, 119, 124, 205.

FORS, XVI° s. Hors, hors mis, laissé en dehors, non compris, exclu, excepté : « et ne devra rien le carreau à moulage, fors le congé. » Du lat. *foris*, III, 237, 279.

FORSBOURS, xv° s. Quartiers d'une ville situés en dehors de ses murs : « yssant et traversant par ladite ville et forsbours. » Bas lat. *forenses burgi*, du lat. *burgus* et *foris*. III, 148. V. faulxbourg.

FOUPE, v. truetz.

FOURMAGE, FOURMAIGE, XVI° s. Fromage. Ital. *formaggio*, bas lat. *formagium*, *formaticum*, du lat. *formare*, *formatus*. Formæ buxeæ, COL. VIII, formes, moules en buis, servant à la confection des fromages. III, 124, 306.

FOURMAIGE, v. fourmage.

FRAIER, FRAYER, XVI° s. Faire les frais; subvenir à une dépense, l'acquitter, en fournir les deniers:

« les parties qu'il a paiées et fraiées; — pour fournir et frayer à la despense qu'il convenoit faire. » De *frais*, bas lat. *fractus*, II, 34, 44, 224; III, 323.

FRANCINE, XVI° s. Sorte de vélin ou parchemin. *Francin*. III, 271.

FRAYER, v. fraier.

FRÉQUENT, XVI° s. Employé comme adjectif qualificatif d'une chose matérielle et inerte, lui attribuant ainsi le caractère de fréquence qui appartient non pas à cette chose, mais à l'acte dont elle est l'objet, à l'impulsion, au mouvement qui lui est donné : « sel qui est l'une des plus fréquentes marchandises qui se transporte sur lesdictes rivières, » au lieu de : sel qui est l'une des marchandises qui se transportent le plus fréquemment. Ou peut-être, dans le sens passif, pour *fréquenté* : sel qui est l'une des marchandises les plus *fréquentées*, c'est-à-dire qui donnent lieu aux transactions commerciales les plus fréquentes, v. ci-après, *fréquenter marchandise*. Du lat. *frequens*, *frequentis*, *frequentare*. II, 271.

FRÉQUENTER MARCHANDISE, xv° s. Faire le commerce, se livrer au négoce : « tous marchans fréquentans marchandise sur lesdis fluve et rivières. » II, 5, III, 356.

FRET, xv° s. Frette, bois débité en bâtons à faire barreaux croisés, en baguettes ou bandes assez flexibles pour être enlacées et employées à la confection des cages, paniers, corbeilles à jour : « pour chartée de fret, de grands cercles à cuve, xv d. » Bas lat. *freta*, *fracta*, du lat. *frangere*, *fractus*. III, 378.

FRUICTAGE, XVI° s. Toute espèce de fruit. *Fruitage*, bas lat. *fructuagium*, du lat. *fructus*. III, 306.

FULSIR, XIV° s. Affermir, appuyer, soutenir, étayer : « pour mieulx

3

fulsir leur proposition. » Lat. *ful-cire*. III, supp. n° 997, XXVII.

FUNAINS, XVIᵉ s. Cordes, câbles, grelins : « lij s. vi d. t., pour lij livres et demye de funains qui ont esté pris pour servir ausd. tirotz. » C'est-à-dire pour servir de grelins de remorque (v. tirot). Aujourd'hui on donne sur la Loire le nom de funains aux câbles gros et courts qui servent à attacher à la suite l'un de l'autre les bateaux des trains de remonte. Du lat. *funis*. II, 550.

FUSIL, XVIIᶜ s. Pièce d'acier avec laquelle on battait la pierre à feu pour allumer l'amadou, briquet. Ital. *fucile, fusolo, focile*, du lat. *focus*, feu. II, 247.

FUST, XVᵉ s. Bois, bois creusé, évidé, disposé, converti ou à convertir, en vase, vaisseau, usten-sile : « pour une somme de ha-naps de fust ou d'escuelle, j d. ; — cent de fust de fourreau d'épée, x d. t. » De *fust*, bâton, bas lat. *fusta*, du lat. *fustis*. II, 231 ; III, 221.

FUSTAGE, XVIᶜ s. Vases, vaisseaux, ustensiles de bois creusé, évidé, cerclé, de toute nature et de toutes dimensions. III, 94. v. fust.

FUSTEL, XVᵉ s. Fustet, arbrisseau dont le bois colorant était employé pour la teinture, tarifé à côté du Brésil, dans les pancartes de péage. Diminutif de *fût, fust*, du lat. *fusticulus*. II, 72 ; III, 111.

FUSTEREAU, XVIᵉ s. Bateau, nacelle. Diminutif de *fuste*, barque. Bas lat. *fusta*. III, 89. V. fust et sentine à corbe.

FUSTEREAU A CORBE, v. sentine à corbe et fustereau.

G

GABELLÉ (sel), XVᵉ s. Sel qui a acquitté la gabelle : « sur chascun muid de sel gabellé ou non gabellé. » Sel *gabellé* s'entendait du sel sortant du grenier et livré à la consommation, sel non *ga-bellé*, du sel se rendant du ma-rais au grenier (v. le tome Iᵉʳ du présent ouvrage, p. 254 et suiv.). De *gabelle*, bas lat. *gablum* ; all. *gaffel*, impôt, *gabe*, don, *geben*, donner. III, 79.

GALERNE (la), XVᶜ s. Vent de nord-ouest, le nord-ouest ; dénomina-tion servant à désigner, dans le langage des bateliers de la Loire, la rive droite du fleuve : « en la ri-vière de Loire du cousté de la galerne. » Pour désigner le côté opposé on disait, on dit encore *en mer*. Cette façon de parler aurait-elle pris naissance à l'embouchure de la Loire, le navigateur, ayant à sa sortie du fleuve ou au mo-ment d'y entrer, d'un bord la côte de Bretagne d'où souffle *la ga-lerne*, de l'autre la mer ? Bas bret. *gwalarn, gwalern, gwalorn*, du celt. *gal*, vent. II, 435. V. abas.

GALLE (CUIVRE), XVIᵉ s. Cuivre du pays de Galles. II, 232. V. rou-zette.

GAMBERGE, XVᵉ s. Poisson, tarifé au cent, comme le hadot, dans plusieurs pancartes de péage et compris habituellement dans le même article. II, 214.

GARDIATOIRE, XVᵉ s. Qui garde, protège, conserve ; subst., lettres de sauvegarde et privilége : « par vertu de leur gardiatoire et com-mittimus. » Ici, lettres par les-quelles les M. F. étaient mainte-nus dans le privilége d'attribution directe de leurs causes au parlement de Paris. Du bas lat. *gardiator*, *guardator*, gardien ; de *garder*, *guarder*, *warder*, esp. *guardar*, ital. *guardare*, angl. *ward* ; de l'all. *warten*, garder, *wart*, guet, garde. II, 422.

GAREND, xvᵉ s. Garant, caution, garantie. Bas lat. *garantia*. *garantus*. II, 6. V. induce et garentage.

GARENTAGE, xvᵉ s. Garantie : « prendre faiz et charge de garentage. » Bas lat. *garentigia*, *warandisia*, de *garantir*, *guarantir*, *warandir* et *garer*, *guarer*, de l'anc. all. *werén*, *waron*, all. mod. *wehren*, *wahren*, prendre garde à, avoir soin. II, 6.

GARNISON, xivᵉ s. Ce qui garnit, gréement d'un bateau, les provisions de bord, peut-être la cargaison : « ung chalan avec l'appareil et garnisons d'icelluy. » De *garnir*. III, supp. nᵒ 999.

GASTIS (bois), xviᵉ s. Bois gâté, mutilé, cassé, provenant d'une dévastation et non d'une coupe régulière : « corde de bois gastis.» De *gast*, bas lat. *gastum*, *guastum*, *wastum*, *vastum*, destruction, de *guastare*, lat. *vastare*, dévaster ; a donné *gastine*, lieu dévasté, désolé, désert. II, 230.

GAULDE, xviᵉ s. Gaude, plante tinctoriale colorant en jaune : « le cent de gousde, de gaulde. » En Bresse, nom donné, à cause de sa couleur vraisemblablement, à la bouillie de farine de maïs. *Waude*, Du Cange sous *guaisdium*, all. *wau*. III, 126.

GECTOUER, GECTOYR, xvᵉ s. Jeton. Du lat. *jactare*. II, 313, 345.

GÈME, v. geime.

GEIME, GÈME, xviᵉ s. Poix, résine. Bas lat. *gema*, du lat. *gemma*, bourgeon. III, 271.

GERFAULT, xviᵉ s. Crochet à l'usage des baliseurs, destiné à saisir les objets flottants ou caché sous l'eau : « ung gerfault pour prendre les boys en l'eau.» Du rapport de cet instrument avec le bec crochu de l'oiseau de proie appelé gerfaut. III, 455.

GIBE, GIBBE, xviᵉ s. Ballot d'étoffes, de peaux, de cuirs, double de la balle, du fardeau : « pour balle ou fardeau cordé de drap, de chanvre… iiij d. t., et pour gibbe viij d.»—à chevaux, ballot formant la charge d'un cheval ou peut-être d'une charette, car il était de six fois la charge d'un âne, ainsi qu'on peut l'induire d'un article de la pancarte du péage d'Arcole ainsi conçu : « du trousseau à l'asne, de cordouen, iiij d., de la gibe à chevaux, ij s. » Dans la vallée de la Saône, *gibot* (P.-S. 73). De *gibbe*, bosse, lat. *gibba*. III, 116, 202.

GLENNE, xvᵉ s. Disposition d'une corde ployée sur elle-même en paquet ovale, s'il s'agit d'une corde mince, en rond, s'il s'agit d'une grosse corde, d'un cordage ; le paquet allongé ou l'anneau que forme la corde ainsi ployée. Lorsqu'ils contenaient une longueur de corde déterminée ou étaient d'un poids convenu, ces paquets ovales ou en anneau, offraient au cordier un mode de mesurage, une base de fixation du prix de sa marchandise qui se vendait, qui se vend encore dans le bassin de la Loire, à la glenne : « pour une glenne de verdon (corde de halage), ii s. vi d., (prix d'achat). » Le même mot s'appliquait à bord des bateaux au pliage des cordages servant aux manœuvres, d'où *glener* pour désigner cette opération. L'étymologie doit être ici la même que celle de *glêne*, glane, botte faisceau, l'assemblage de plusieurs cercles ou ovales d'une même corde n'étant pas sans analogie avec l'assemblage de plusieurs branches ou brins de même nature; il est de plus admissible qu'avant d'indiquer le paquet formé d'une seule corde ployée sur elle-même, le mot glenne ait servi à désigner un paquet de petites cordes liées ensemble, ce qui ramènerait à l'idée de gerbe. II, 427. V. glenon.

GLENON, XVIᵉ s. Glane, paquet, faisceau, botte : « des aux le glenon, ob. (de péage). » *Glène, glenne*, bas lat. *glena, glana*, de *glener*, glaner. Cf. bas bret. *glana*, rendre pur, net, nettoyer. III, 117, 121. V. glenne.

GLUYS, XVᵉ s. Glui, grosse paille de seigle employée à la couverture des habitations, chaume : « cent de gluys et paille. » D'où *gluier*, ramasser du chaume, le mettre en botte; Berri, *glotte* et *liotte* avec le sens de paille liée, JAUBERT; bas lat. *gluius, gluen*. Cf. bas bret. *kôlô*, paille, *kôlôa*, couvrir en paille, *gôlei*, couvrir. III, 72.

GORS A CHARETTES, XVIᵉ s. Tarifés au cent dans la pancarte du péage d'Arcole : « le cent de gors à charettes, ij d. » Probablement des bâtons courts faisant office de ridelles. De *gor* pour *gord*, *gour*, court, gros, épais, qui a donné *gordin, gourdin*. III, 117.

GOUSDE, GUESDE, VOIDE, XVᵉ s. Guède, vouéde, pastel. *Waisde waide*, bas lat. *guesdium, guasdium, gueda, waisda*. angl. *woad*, all. *waid*. II, 215, 252; III, 126.

GOUVERNEUR DE CHALAN, XIVᵉ s. Le marinier chargé de la conduite d'un bateau ou d'un train de bateaux, patron : « afin que les marchans ou les gouverneurs des chalans ne soient pas si convetteux. » *Governeor*, qui dirige, du lat. *gubernator*. III, supp. nᵒ 997, XVII.

GRAST, XVᵉ s. Caution : « ainsi nous plaist il estre fait nonobstant quelconques lettres d'estat, de grast, de ressort. » *Grant, gré, créance*, bas lat. *gratus, gratum, grantum, creantum*, de *créanter*, cautionner, du lat. *credere*. II, 199.

GRAVANGE, XVIIIᵉ s. Tronc d'osier, étêté à fleur de terre, poussant des jets qu'on coupe chaque année : « sera tenu l'adjudicataire d'arracher et déraciner tous les plans d'arbres, saules, luisettes, gravange, questiers, faits par les particuliers ou venus naturellement sur les îles et grèves. » Mot qui pourrait venir de *grave*, grève, rives sablonneuses, sur lesquelles poussent habituellement ces osiers? II, 531.

GRELLEAU, XVIᵉ s. Van, crible, claic à nettoyer le grain : « pour peignes, quinquallerye, plastre, grelleaux, cribles, sacz, chacun an, un chef-d'œuvre. » Berri, *graile, grêloir, grêloué*; Poitou, *grela, graille, grail, grille, gril*; bas lat. *graticula, craticula*, du lat. *crates*. III, 306.

GROIGNEUR, XVᵉ s. Le plus grand, le plus considérable, le plus important : « soubz les seings manuelz auxquelz en ce et en groigneurs choses nous adjoutons plaine foy et certifions estre vray par cesd. présentes scellées du groigneur desd. seaulx. » *Greigneur, greingneur, graindre*, bas lat. *grandus*, du lat. *grandis*. II, 12.

GROIZIL, XVIIᵉ s. Grésil, verre cassé, pilé. De *grés*, bas lat. *gressius*; all. *gries*, gravier. II, 254.

GROSSIER, XVIᵉ s. Qui vend en gros, à la grosse : requête par laquelle « la communauté des marchands grossiers, drapiers, de drap de soie, merciers et espiciers de la ville de Moulins, » se rend opposante..... De *grosse*. Cf. *grossiers*, taillandiers, au Livre des métiers, t. 15. II, 128.

GROSSOYE, XVIᵉ s. Œuvre de grossoyer, transcrire de minute en grosse : « et aud. procureur pour la grossoye de lad. requeste, i l. x s. » De *grossoier*, mettre en grosse, bas lat. *grossare*, d'où *grossarius*, *grossator*, qui grossoye, du lat. *grossus*. II, 349.

GROUX, xv⁰ s. Gros. *Grous*, du lat. *grossus*. II, 545.

GUESDE, v. gousde.

GUIMPLE, xvıᵉ s. Guimpe. *Wimplc*, bas lat. *guimpa*, *guimpla*, *wimpla*, angl. *wimple*, all. *wimpel*. III, 120.

GUINDAZ, xv⁰ s. Engin, grue à l'usage des baliseurs : « paulx arrachez avec corde et guindaz. » En termes de marine, *guinda*, *guindal*, *guinde*, machine à élever des fardeaux, d'où *guinder*, et *guindage*. Bas lat. *guinda*, *guna*, all. *winde*, de l'anc. all. *windau*. II, 433.

GUYE, xvıᵉ s. Grue, machine servant à élever des fardeaux : « une guye à aller l'engin du balisage.» II, 455. V. guindaz.

GUYNE, xv⁰ s. Guigne, cerise. Bas lat. *guina*. III, 549.

H

HABILLER, xv⁰ s. Apprêter, disposer, mettre en état : « à Regnauld la Hurée, pour avoir remis à point et habillé ung chapeau d'argent et ung saingt de perles qui ont esté endommagez. » II, 545. V. abillemens.

HACHEREAU, v. achereau.

HADOCH, v. hadoux.

HADOUX, HADOC, ADOS, ADOT, xvıᵉ s. Hadot, églefin, petit poisson de mer : « de chacun cent pièces de hadoux, papillon, solles et autre tel petit poisson sec, ij d. p. » II, 72, 214, 218 ; III, 138, 217.

HALECRET, xvııᵉ s. Cuirasse légère. II, 251.

HALÉE, HALLÉE, xvııᵉ s. Halage : « passer et repasser à la halée ; — murailles et hayes qui sont en nuisance à la hallée des bateaux.» De *haler*, all. *holen*, nécrl. *halen*, angl. *to hale*. II, 530 ; III, 401.

HALLÉE, v. halée.

HAMBOURG, HEMBOURG, xvıᵉ s. Tonneau blanc moyen, tenant le milieu entre le grand tonneau blanc et le poinçon ; baril employé au transport du saumon salé. De la ville d'Hambourg d'où étaient expédiées les denrées et marchandises contenues dans ces fûts. II, 231 ; III, 185.

HANAP, HANAT, xv⁰ s. Coupe, vase à boire, gobelet d'argent, d'étain, de terre, de bois. Le hanap de bois était d'un usage très-répandu à en juger par les pancartes de péage où il était tarifé par somme ou millier : « pour une somme de hanaps de fust ou d'écuelle, j d. » Bas lat. *hanapus*, anc. all. *knapf*, all. mod. *napf*, bas bret. *hanaf*. III, 120, 221. V. fust.

HANAT, v. hanap.

HARNOIS, xvıᵉ s. 1. Armure, équipement d'homme de guerre ; 2. Agrès de bateaux : « ung challan et harnois d'icellui. » *Harnas*, bas lat. *harnascha*, du celt. *haiarn*, bas bret. *houarn*, fer. II, 448, 449 ; III, 210. v. plupart.

HAUBERS A MAILLE, xvᵉ s. Cottes de maille : « la challenée de haubers à maille, xij d. p. » Bas lat. *halsberga*, de l'all. *hals*, col, et *bergen*, cacher, protéger. III, 120.

HAULSERÉE, v. aucerée.

HAUSSERÉE, v. aucerée.

HAVAGE (droit de), xvi° s. Péage levé sur les fruits, droit d'en prendre une havée : « pour chacune somme de fruit, droit de havage, c'est à sçavoir que les commis en peuvent prendre une joinctée, c'est à sçavoir plein les deux mains. » D'*havée*, bas lat. *havagium*. III, 242. V. havée.

HAVÉE, xive s. Ce que peut contenir la cavité formée par les deux mains rapprochées l'une de l'autre : « pour muy de pommes sera pris, iiij d. t. avec havée, laquelle havée est tant que l'on peut prendre du fruit à deux mains ; — convers (v. ce mot), chacune somme, la havée d'un homme. » Une poignée seulement d'après le dict. de Trévoux et Roquefort. D'*haveir, havir, havoir*, avoir, bas lat. *hava*. port. *haver*, esp. *haber*, all. *haben*, du lat. *habere*. III, 118, 205. V. havage.

HÉBERGER, xve s. Loger, s'appliquant à une statue, la placer dans une niche, sur un socle, sur un piédestal : « pour une tâche de hausser la maçonnerie de ladicte croix pour héberger les images. » Bas lat. *heribergare*, de l'anc. all. *heriberga*, lieu disposé pour loger. II, 414.

HEMBOURG, v. hambourg.

HUCHET, xvi° s. Petite huche,

vaisseau à contenir poisson vivant, caisse percée flottante, case, compartiment d'un vivier flottant : « de chacun huchet de poisson, iiij d. » *Hucheau, huchel*, bas lat. *huchetta, huchellus, hucellus*, de *huche, hucha, hutica*, angl. *hutch*, coffre. III, 98. V. huisset.

HUISSET, husset, yssot, xvi° s. Petite porte, ouverture, trappe de chaque case, de chaque compartiment d'un bateau percé ou vivier flottant, par extension ce compartiment lui-même : « pour chalan percé, par huisset iiij d. » Diminutif de *huis*, du lat. *ostium*. III, 242, 341, 347.

HURT, xv° s. Choc, rencontre violente d'un obstacle : « douze muys de sel qu'il perdj par le hurt d'une roche estant en l'eau. » De *hurter*. II, 438. V. orgeaul.

HURTER, xvi° s. Heurter, rencontrer rudement, se jeter sur, contre un obstacle. Ital. *urtare*, angl. *to hurt*. II, 437.

HUSSET, v. huisset.

HUY, xv° s. Ce jour-ci : « avoir publié que les fermes des boestes se bailleroient à huy. » Du lat. *hodie, hoc die*. II, 27, 47. V. au jour d'huy.

HUY, xvi° s. Huis, porte. II, 453. V. huisset.

I

ILLEC, illecq, xvi° s. Là. Lat. *illuc*. II, ii.

ILLECQ, v. illec.

IMMUNES, xve s. Francs, exempts, affranchis. Lat. *immunes*. III, 142.

IMPENSE, xv° s. Dépense : « pour leur aider à les desfrayer de la mise et impense par eulx faicte à

cette occasion (dépense de costumes et autres choses, par les jouteurs d'une quintaine). » Lat. *impensa*. II, 547.

IMPÉTRACION, xv° s. Obtention. Du lat. *impetrationem*. III, 149.

IMPLIR, xv° s. Emplir, remplir. Lat. *implere*. II, 349.

IMPRESSION, xvᵉ s. Pression, oppression, violence : « subsides que tous les jours les seigneurs, mettent et exigent, par impression ou autrement. » Du lat. *impressionem*. III, 20.

INDOUEN, xviiiᵉ s. Idoine, apte, propre à : « homme indouen et capable. » Du lat. *idœneus*. II, 130.

INDUCE, xvᵉ s. Induction, action d'étendre, de prolonger, délai, retardement, congé : « demander garend, veue, délais et induces. » Bas lat. *inducia, inducium*, du lat. *inducere*. II, 6.

INVASIF, xvᵉ s. Offensif, propre à l'attaque : « armez et embastonnez d'armes invasives et défendues. » *Invasible*, bas lat. *invasibilis*, du lat. *invadere, invasum*. III, 265.

INVOLUCION, xvᵉ s. Évolution : « involucion de procès. » Du lat. *involutionem*. III, 151.

ISSIR, ᴠssɪʀ, xvᵉ s. Sortir, franchir, traverser, aller au-delà : « marchandises issant par les villes et lieux ; — biens et marchandises entrans, yssans. » *Eissir*, du lat. *exire*. III, 82, 134.

J K

JA, xvᵉ s. Déjà. Du lat. *jam*. III, 82.

JALAYE, ᴊᴀʟʟᴀʏᴇ, ᴊᴀʟÉᴇ, xviᵉ s. Jale, baquet, jatte en bois, vaisseau à contenir la vendange, le verjus, le vin, le sel ; employé pour transvaser. Mesure de capacité, la 12ᵉ partie du poinçon, d'après l'art. 492 de la coutume d'Orléans, la 16ᵉ d'après les registres de compte de l'Hôtel-Dieu de la même ville. D'où l'on doit conclure qu'il y avait à Orléans deux espèces de *jalées*, l'une du 12ᵉ du poinçon, l'autre du 16ᵉ, ou bien deux espèces de poinçons, l'un de douze *jalées*, l'autre de seize (v. notre mém. sur la valeur des denrées, tab. xʟɪɪɪ). En Anjou la *jalée* contenait dix pintes. — Droit de —, droit de lever à titre de péage une ou plusieurs *jalées*, sur un chargement de vin, de sel. *Jalaie, jallaie, jalle, jarle, galoie, gallon, garle ;* Bresse et Dombes, *jerle, jarlot ;* bas lat. *jala, jalla, gallo, galleola*. III, 116, 241, 247.

JALÉE, v. jallaye.

JALLAGE, xvᵉ s. Levée d'une ou plusieurs *jalées*, en nature ou argent, sur un chargement de

vins : « quant il y a ou chalan douze pippes, on doit, pour une jallaye de vin, v. s. t., et s'il y a moins de douze pippes on ne doit point de jallage. » De *jalée*. III, 217.

JALLAYE, v. jalaye.

JAVELLE, xviᵉ s. Botte d'échalas, de charniers, formée de deux faisceaux ou d'un cent de bâtons. Bas lat. *javella, gavella, gavelli*. III, 73, 86, 120.

JAVELLÉE, xviᵉ s. Botte, gerbe, faisceau de sarments, d'osier. Poitou *javelai*, ʟᴀʟᴀɴɴᴇ. III, 120. V. javelle et graveranche.

JAYET, xviiᵉ s. Jaïet, jais. Wallon, *gaiète*, lat. *gagates*, γαγάτης. II, 251.

JOINCTÉE, xviᵉ s. Ce que peuvent contenir les deux mains jointes. Du lat. *jungere, junctum*. III, 242. V. havage.

JONCHÉE, xvᵉ s. Joncs, herbes, fleurs, feuillages étendus, posés sur le sol, le plancher, sur des tables ou dressoirs, à l'entour de mets et denrées, comme ornement, décoration, pour faire honneur, ou en vue d'assainir, d'entretenir la fraîcheur : « pour jonchée mise ou chalan où estoit le vin et les viendes (offerts au duc d'Orléans, passant sur la Loire), à ce qu'ilz en feussent plu freschement et honnestement, ij s. p. » Bas lat. *joncheria, juncata*, de *jonchier, jonchare, junçare*, du lat. *juncus*, jonc. II, 549.

JOUSSELIN, xvɪᵉ s. Drap : « charge de bureaux et jousselins. » Ainsi nommé de la ville de Joussselin où il était fabriqué. II, 215, 231 ; III, 315.

JOYEUX, xvᵉ s. Gâteau sucré. II, 548.

KATON, xvᵉ s. Gâteau sucré. *Caton*, petite masse de farine coagulée. De *catir*, presser, comprimer, du lat. *coactare, coactum*. II, 548.

L

LABOUR, xɪvᵉ s. Labeur, travail. Lat. *labor*. II, 194.

LACQ, xvɪᵉ s. Lac, lacet. Du lat. *laqueus*. III, 90.

LANÇAGE, xvɪɪᵉ s. Lancement, mise à l'eau d'un bateau neuf. Droit de —, levé sur les bateaux passant pour la première fois. De *lancer*, bas lat. *lançare*, du lat. *lancea*, lance. III, 144.

LANGE, xvɪᵉ s. « Pour la somme de fil, lange ou linge. » *Lange*, qui signifie d'après son étymologie, étoffe, vêtement, chemise de laine, (bas lat. *langetum*, d'où *langais, langeul*, couvertures, draps de lits en laine, du lat. *laneus*), pourrait n'être ici qu'un synonyme de linge et signifier, par redondance, toiles, vêtements de dessous, chemises de lin, bas lat. *linginm*, du lat. *linteum*, cf. Du CANGE, vᵒ. *langiarius*, linger, et ci-dessus *fillange*. III, 194.

LARD, LART, xvɪᵉ s. Porc tué : « le lard ou bacon, le porc vif, j d. p. (de péage). » Du lat. *lardum*. III, 120, 124. V. bacon.

LART, v. lard.

LAVAGE (droit de) xvᵉ s. Péage levé sur les peaux de moutons lavées. De *laver*, lat. *lavare*. III, 221.

LAXET, xvᵉ s. Lacet, cordon. *Lasset, laz, lac*. II, 545. V. lacq.

LAYDE, xvɪᵉ s. Tribut : « procès touchant la layde du sel, audit Moulins. » Bas lat. *leida, leuda*, du lat. *levare, levatum*. III, 327.

LÈGE, LÈGEMENT, LEIGEMENT, LIGEMENT, xvᵉ s. Allège, bateau allège : « quand il y a sel en grand chalan et après en le lège ; — ligiment qui effondra en l'eau ; — pour le bateau vulgairement appelé mère et pour les autres bateaux nommez ligiments. » De *leiger*, II, 436, III, 22, 97, 220. V. leiger, et mère.

LÈGEMENT, v. lège.

LEIGEMENT, v. lège.

LEIGER, LIGIR, LIÉGIR, xvᵉ s. Alléger, rendre plus léger, diminuer la charge d'un bateau par transbordement ou débarquement : « s'il lège la mère, posé qu'il y ait ou lègiment plus de cinq muys, il ne payera aucun sallage ; — ligir sur la chaussée. » Du lat. *levare, levis*. III, 220, 351, 362.

LEVAGE (droit de). xvᵉ s. Tribut perçu dans l'étendue d'une province, d'une seigneurie, sur le vin enlevé, levé, pour être transporté au dehors. Bas lat. *levagium*, de *lever*, lat. *levare*. III, 349. V. lèvement.

LÈVEMENT, xvᵉ s. Enlèvement,

levée, abandon : « les grâces et victoires que avons eues, par le lèvement de la bastide que avoient faicte les Anglois noz anciens ennemis, aux tourelles et bout dudit pont (le pont d'Orléans). » De *lever*, lat. *levare*, d'où *levamentum*, allègement. III, 154.

LEVEUR, xv° s. Officier préposé à à la levée d'un tribut. De *lever*. III, 344.

LIAGE, xvi° s. Lien, amarre, attache de bateau : « chaînes, ancres et liages. » De *lier*, lat. *ligare, ligatum*. II, 477.

LIAIGE, xvi° s. Liége. III, 111.

LIBRAIRIE, xvi° s. Livres, marchandise de livres : « millier pesant de librairie tant reliée que à relier. » Du lat. *libraria*, boutique de librairie, d'où, par extension, la marchandise elle-même. II, 231.

LIÉGIR, v. leiger.

LIÉVER, xvi° s. Lever. II, 12.

LIGEMENT, v. lège.

LIGIR, v. leiger.

LIGNAIGES, xvi° s. Légumes : « pour chacun muy que ce soit, ou farine ou noix, ou quelque manière de lignaige ou potage, iiij d. » De *legun*, par syncope *leüm, leün*, graine, légume, du lat. *legumen*. — *Laigne, leigne*, bois, du lat. *lignum*, pourrait également fournir une étymologie, qui conduirait à admettre que le mot *lignaige* indique ici des fruits en coques ligneuses ou donnés par des arbres, tels que noisettes, amandes, noix, châtaignes? III, 271.

LIMONNEAU, LYMONNEAU, xvi° s. Limon, bras de limonière, timon. Poitou, *limonia*. II, 230, 247. V. baston.

LINCEUL, xvi° s. Linge, morceau carré de toile, drap de lit : « linceux de lict. » Du lat. *linteum* et *linum*. III, 72. V. lange.

LINGUAN, xvi° s. Corde courte, servant de lien, notamment la corde par laquelle est retenu et ramené à bord le pieu ou bâton ferré dont les mariniers de la Loire se servent pour diriger leurs bateaux. Manœuvre qui consiste à ficher le bâton dans le sable en le glissant sous la bande échancrée du bateau en marche, le bateau soulevé par cet obstacle dévie en le franchissant et s'en sépare. Le bâton resterait alors fiché dans le sable ou s'en irait à la dérive, si la corde (*linguan*) par laquelle il est attaché au bateau ne le ramenait. Du lat. *ligantem, ligare*. II, 427. V. commande, et au tome I° la note 1 de la page 161.

LOIR, xv° s. Etre permis : « avons octroyé qu'ils puissent et leur loise lever... » Du lat. *licere*. III, 82.

LOT, xvi° s. Assemblage, réunion, quantité déterminée, nombre d'objets de même nature, pouvant fournir un élément de compte, un moyen de mesurage ; compte, mesure : « pour tacre de cuirs xii d. et pour lot ij s. t., pour ce qu'il y a deux tacres à chacun lot. » La tacre étant de dix cuirs, le lot en contenait vingt, quelquefois vingt et un. Bas lat. *lotus*, angl. *lot*, all. *loos*. III, 147, 241. V. tacre.

LOYAGE, xv° s. Louage. De *loier*, louer, bas lat. *locagium*, du lat. *locare*. II, 543.

LUISETTE, xviii° s. Osiers poussant sur les grèves, oseraie. *Lusette*. II, 531. V. gravange.

LYMONNEAU, v. limonneau.

M

MADRE, xvi° s. Vase à boire en bois tourné : « pour batteau chargé de bois tourné, hanaps, madrez... un chef-d'œuvre. » Du haut all. *mazar*, nœud dans le bois, de l'all. mod. *maser*, bois veiné, tacheté. Parceque c'étaient des bois noueux ou veinés, le cœur, la racine de ces bois, qu'on employait à la confection des vases, qui de là furent appelés *madres*. V. BURGUY et LITTRÉ. III, 218.

MAINTEIGNIR, xv° s. Maintenir. De *main* et *teignir*, tenir, ital. *mantenere*, lat. *manu tenere*. II, 198.

MAL TRAICTEMENT, xvi° s. Mauvais traitement. Bas lat. *malum tractamentum*, du lat. *malum* et *tractare*. II, 40.

MARAIGE, xvi° s. De mer, venant de la mer : « pour millier de poisson maraige, iiij d. t. » *Marage*, pays qui borde la mer, DU CANGE, marée, ROQUEFORT, du lat. *mare*. III, 180.

MARCHANDER, xv° s. Faire le métier de marchand, commercer, se livrer au négoce : « de la partie des marchans fréquentans et marchandans sur la rivière de Loire. » Bas lat. *marchandari*, du lat. *mercari*. II, 210; III, 273.

MARCHANDISE. Commerce, négoce : « discontinuacion de la marchandise. » Du lat. *mercatus*, *mercatura*. III, 13.

MARDEROLLE (câble), xvii° s. Gros câble, le câble notamment des grues à arracher les picux fichés dans le lit des rivières : « pour la vente de deux câbles marderolles, poisant cclxxvij livres, à raison de v s. t. la livre, pour servir aux ballizaiges, lxix l. v s. t. » Marderolle est aujourd'hui sur quelques points de la vallée de la Loire, le nom du câble gros et court dont on se sert pour coupler les bateaux à la descente. Cf. le bas bret. *môrdéadurez*, ce qui tient à la navigation, et *merdéad*, *môrdèad*, navigateur. II, 499. V. tredon.

MARGADE, xvi° s. Poisson de mer, sèche. Bas bret. *môrgaden*, de *môr*, mer et *gad*, lièvre, lièvre de mer. Grec Γάδος, merlan, d'où *gadus*, *gade*, nom donné en histoire naturelle à un genre de poisson dont la sèche est une espèce. III, 245, 247. V. seiche.

MARGINATION, xvi° s. Action de marginer. Bas lat. *marginatio*. III, 361. V. marginer.

MARGINER, xvi° s. Diriger un bateau vers le rivage, près du bord de la rivière, en approcher, côtoyer : « et quant à la margination et branslage, ny les voituriers, ne marchans ne seront tenuz bransler, ne marginer, audit péage de Jévardel. » Bas lat. *marginare*, du lat. *margina*, bord, lisière. III, 361.

MARQUE, xvii° s. Mesure, quantité déterminée : « marque d'aulx ou d'oignons. » All. *mark*, bas bret. *merk*. III, 70.

MARSEICHE, xv° s. Fête de l'Annonciation qu'on célèbre le 25 mars. III, 220.

MASSICAUT, xvii° s. Péage levé sur les vins. III, 41.

MAUVE, xvi° s. Craie : « croye ou mauve, la chalandée, un pain. » III, 199.

MÉAGE, v. meuaige.

MÉAIGE, v. meuaige.

MEIGNAN, xvi° s. Chaudronnier, étameur ambulant. *Maignan*,

magnin, bas lat. *magninus*, de *machina*, suivant Burguy. III, 126. V. boule.

MEMBREURE, MEMBREUZE, XVI⁰ s. Membrure, bois de menuiserie à employer en traverses et pièces d'assemblage : « cent de toises d'ais, quenouilles, membreuzes, pouetteaux et tous autres bois de siaige, xx d. t. ; — pour xlv toises de membreure pour faire des siéges (de rameurs), l s. t. » Du lat. *membratura*, *membrare*, *membrum*. II, 231, 550 ; III, 141.

MEMBREUZE, v. membreure.

MENDRE, XVᵉ s. Moindre. *Meindre, menre, menor*, du lat. *minor*. II, 7.

MERAIN, v. merrien.

MERCERIE, XVI⁰ s. Sous cette dénomination étaient compris dans les tarifs de péage, indépendamment de ce qu'on appelle aujourd'hui mercerie, une foule d'objets tenant au vêtement, à l'équipement, à la parure, la ganterie, la « bourserie, » la gaînerie, la « baudrairie, » la passementerie, les cuirs, les fourrures, les rubans, la menue quincaillerie, la coutellerie, etc. : « pour chacun fardel ou panier de mercerie meslée, comme bourses, esguillettes, lacqs, ceintures et toutes autres merceries, iiij d. t. ; — tous chalans ou sentines chargez de toute mercerie de cuirs soient tannez, courroyez ou pelus. doivent xviij d. ob. ; — la table à mercier garnie, iiij d. » La grosse mercerie comprenait les tissus les plus précieux : « pour fardeau de grosse mercerie. comme drap d'or, d'argent ou de soye, x s. t. » V. le Livre des métiers, t. 77. Du lat. *merces*. III, 80, 124, 250.

MÈRE, XVI⁰ s. Tout bateau accompagné d'une ou de plusieurs alléges, le bateau mâté placé en tête d'un train de remonte :

« pour grand bateau appelé mère, iiij s. t., et acquittera la mère les alléges. » III, 97, 220. V. lége et soubz-mère.

MERLUZ, XVIᵉ s. Poisson de mer, merlan. Bas lat. *merlua*. II, 72. V. mollue.

MERREAN, v. merrien.

MERRIEN, MÉRAIN, MERREAN, XVᵉ s. Merrain, bois débité pour usages divers, particulièrement les douves de chêne destinées à la confection des tonneaux. Bas lat. *merennum, merannum, marennum, maremium, materiamen*, du lat. *materia*, bois. III, *passim*.

MESPRANDRE, MESPRENDRE, XVᵉ s. Désobéir, ne pas avoir égard, ne pas se conformer à, offenser, se tromper. *Mes*, dans un sens privatif et *prendre*. II, 42 ; III, 177.

MESPRENDRE, v. mesprandre.

MESTIER, XVᵉ s. « Si mestier est. » S'il y a lieu, occasion, nécessité. II, 6, 7 ; III, 152.

MÉTAILLE, v. mitaille.

MÈTES, v. mettes.

MÉTIER DE SAULNERIE, XVI⁰ s. Manipulation des sels : « pour les métiers de saulnerie : du sel qui est chargé de l'un vaisseau en l'autre, xj d. ob. (droit levé à Nantes). » III, 312.

METTES, MÈTES, XVI⁰ s. Bornes, limites. Lat. *meta*. II, 457. V. fins.

MEUAIGE, MÉAIGE, MÉAGE, XVᵉ s. Passage : « pour meuaige de chalan, v d. t. » Droit de —, tribut levé sur le passage des bateaux : « touchant le méage d'Ancenys, appartenant à la dame de Rieux. » Du lat. *meatus*, de *meare*. II, 55 ; III, 168, 309, 326.

MILCARESME, XVI⁰ s. Mi-carême, milieu du carême. II, 437.

MINAGE, MINAIGE, XVIᵉ s. 1. Mesurage à la mine, mesurage des denrées qui se vendaient ou s'évaluaient à la mine, au muid :

« pour chacun muy de noix et de toutes autres marchandises qui se mesurent par minage. » 2. Droit de —, tribut levé sur le mesurage des denrées se mesurant à la mine. 3. Denrées se mesurant à la mine : « pour chacun muy de sel, vin, bled, comme formens, seigles, avoines, poix, febves, farines et tous autres manières de minaiges, pour chacun muy nantais, vij d. » Bas lat. *minagium*, de *mina*, mine, moitié du setier, abrév. de *hemina*, ἡμίνα, qui était la moitié de l'ἐκτεύς. II, 90 ; III, 241, 305.

MINAIGE, v. minage.

MIRABOLANS, xviie s. « Mirabolans, mirabolans confits. » Peut-être la mirabelle confite qui était estimée et tenait une place importante parmi les marchandises d'épicerie? Cf. TRÉVOUX. II, 249.

MISDRENT, xve s. Mirent, parfait de l'indicatif du verbe *mettre*. Du lat. *mittere*, *miserunt*. III, 261.

MITAILLE, MÉTAILLE, MITAILLES, MITRAILLE, xve s. Débris de cuivre, de fer, ferraille. De *mite*, *mitte*, petite monnaie de cuivre (moitié de l'obole). Bas lat. *mita*, flam. *mijte*, angl. *mite*. II, 214, 218 ; III, 80, 103, 138.

MITAILLES, v. mitaille.

MITRAILLE, v. mitaille.

MODÉRATIONS, xve s. Diminutions, réductions, tempéraments : « et ay fait plusieurs appointemens, modérations et exécutions. » Lat. *moderationes*, de *moderari*. III,9.

MOISON, xive s. Contenance, forme, dimensions réglées; jauge, mesure, mesure pleine, chargement complet : « quatre cens de fons (de tonneau) de moison; — pour chacun tonneau, de moison, iiij d. p. ; — le millier de douelles de quatre pieds de long, fait cinq charretées de moison; — et si le chalan chargé tient moison, doit une jalaye de vin, et si ne tient pas moison, il ne doit pas la ja-

laye. » Dans la vallée de la Saône, *moison* et *moisson* : « aix qui passe moisson, la pièce doit ij d. p. » (P. S. 62.) Bas lat. *moiso*, du lat. *mensura*. III, 39, 236, 249.

MOLEAU, xve s. Meule de moulin. Du lat. *mola*. III, 297.

MOLESTES, xve s. Molestations. Lat. *molestiœ*, de *molestare*. III, 273.

MOLIN, xve s. Moulin. Du lat. *molendinum*. II, 544.

MOLLE, xviie s. « Millier de bois à barrer pipes, cercles de molle, iiij d. t. » *Cercles de molle* devait s'entendre de cercles en paquet, *molle* étant ici pour *mole*, bas lat. *mola*, qui signifiait à la fois : botte, faisceau, meule, monceau, du lat. *metula*, *meta*, cône, pyramide, et meule de moulin, lat. *mola*, dont le paquet de cercles a la forme. II, 246.

MOLLUE, MOULUE, xvie s. Morue. *Molue*, bas lat. *molua*, ital. *mollua*, wallon, *molowe*, angl. *melwel*, merluche. III, 72, 189.

MONCAYARD, xviie s. Étoffe, sorte de serge. II, 252.

MONT (à), xve s. A la montagne, vers le haut de la vallée, du côté de la source d'une rivière, contre son courant, par opposition à *à val*. De *à* et *mont*, lat. *mons*, *montis*. II, 213. V. val (à), amont, abas.

MORICET, xve s. Pieu aiguisé et armé de fer à son extrémité inférieure, dont se servaient, dont se servent encore les mariniers de la Loire au-dessous des ponts de Cé, pour diriger leurs bateaux, plus long que le pieu dit bâton, employé au même usage, en amont des ponts de Cé : « cent de bastons et moricets neufs, autres que la garniture du batteau, xij d. t. » II, 271, 247. V. linguans.

MORIENNE, xve s. Moresque. II, 545.

MORINE, MORYE. XVIᵉ s. Moraine, laine levée sur des animaux morts de maladie. *Morie, murie, mori-ne*, bas lat. *morina*, maladie, mortalité de bestiaux, mortalité, chair des animaux morts de maladie. Du lat. *mori*. III, 120, 227.

MORTIER, XVIᵉ s. Vase creux, où l'on écrasait, mélangeait et dé-layait des substances avec un pilon; bassin où l'on entassait et pressait le linge sale pour le lessi-ver, cuvier à lessive : « mortier à saulce, mortier à buée, j d. t. (de péage). » Du lat. *mortarium*. III, 72.

MORYE, v. morine.

MOUCLE, XVIᵉ s. Moule. Bas lat. *muscula*, du lat. *musculus*. III, 278.

MOULAIGE (PIERRE DE). XVIᵉ s. Meule. III, 306. V. moullaige.

MOULIN A BAC, XVIIᵉ s. Moulin sur bateau. II, 489.

MOULLAIGE, XVᵉ s. Moulage, mé-canisme qui fait tourner la meule d'un moulin. Du lat. *mole-re*. III, 242, 284.

MOULLARDEAU, XVIᵉ s. Petite meule. III, 124.

MOULLIES, XVIᵉ s. Cordes employées par les baliseurs; d'un prix élevé (8 s. la livre, tandis que les câbles valaient au maximum 5 s. 6 d.) et d'un faible poids, moins chères cependant que la fillandre (qui valait 12 s.), d'où l'on doit conclure que c'était une corde de grosseur intermédiaire, souple, molle re-lativement aux câbles. Dans le langage des mariniers de la Saône *mouler la corde*, veut dire laisser filer, lâcher du bord la corde sur laquelle sont attelés les che-vaux de halage, ou encore la corde par laquelle le bateau est tenu à l'ancre ou amarré, ce qui

renferme l'idée de diminution de tension, d'amollissement. Du lat. *mollire, mollis*. II, 496.

MOULUE, v. mollue.

MOUST, XVIᵉ s. Vin sortant de la cuve. Du lat. *mustum*. II, 301 ; III, 139.

MOUTON, XIVᵉ s. Mâle de la brebis, bélier. III, 205. V. chastriz.

MOYE, XVᵉ s. Marchandise estimée au collier, c'est-à-dire à la charge d'un cheval de trait et tarifée à une pièce par collier : « moyes et roupes, chacun collier, de péage et commandise, une. » La place donnée à cet artile dans la pancarte du péage de Tours, entre l'article pots et pichets de terre, et l'article verres, porte à supposer que la *moye* et la *roupe* étaient des pièces de poterie commune. III, 206.

MOYE, XIVᵉ s. Mienne : « par la forme et manière que dessus est dit en ceste présente moye rela-cion. » *Moie, meie*, du lat. *mei*. II, 195 ; III, 177.

MOYSE, XVᵉ s. Moise, lien qui relie les pièces d'une charpente, la charpente elle-même et le plan-cher ou le toit qu'elle soutient : « chalans couvers de moyses, esquelx estoient les musiciens et joueurs d'instrumens. » II, 544.

MUSNYMENT, XVIᵉ s. Acte, docu-ment, titre, pièce justificative, probante. *Muniment*, lat. *muni-mentum*, de *munire*, fortifier. II, 65.

MUSSIER. XVIᵉ s. Cacher : « ung bois mussié en l'eau. » II, 448.

MUYAGE, XIVᵉ s. Mesurage des grains, mesurage par muid. Droit de —, droit de péage sur les grains, évalué au muid; droit sur le mesurage des grains. De *muy*, muid, lat. *modius*. III, 303.

N

NAGIER, XIVᵉ s. Naviguer : « pour obvier aux périlz de la rivière qui est bien souvent en lad. route si plate que souvent on n'y puet pas nagier. » Du lat. *navigare*. III, supp. nᵒ 997, XVIII.

NASCRE, XIVᵉ s. Naître : « et ou cas que débat nascra. » Du lat. *nasci*, *nascor*. II, 194.

NASSERIE, NASSIÈRE, XVIᵉ s. Ensemble de nasses posées dans le lit d'une rivière, sur un même point : « pêcheries et nasseries. » Du lat. *nassa*. II, 82, 472.

NASSIÈRE, v. nasserie.

NAUTONNIER, NOTONNIER, NOTTONNIER, NOTONIER, XVᵉ s. Batelier. Du lat. *nauta*. II, *passim*.

NAVEAU, XVIᵉ s. Navet. *Naviau*, bas lat. *nabinus*, *navellus*, du lat. *napus*. III, 306.

NAVIGAGE, XVIᵉ s. Navigation. Du lat. *navigare*. II, 452 ; III, 170.

NAVRER, XVᵉ s. Blesser, mutiler, endommager : « lui copèrent et navrèrent ung bras ; — ce non obstant, plusieurs seigneurs en prennent (des denrées transportées) à leur volonté et quant aucun marchant contredit de paier (péage), les bateaux navrent et mutilent. » *Nafrer*, prov. *nafrar*, anc. all. *nabagér*. III, 261, 265.

NAVREURE, XVIᵉ s. Blessure. plaie, dégradation , dommage. De *navrer*. II, 459.

NE, XVIᵉ s. Ni : « n'y doit estre, ne assister. » Lat. *ne*. II, 47.

NÉANT MOINS, XVIᵉ s. Néanmoins. II, 453.

NÉE, XIVᵉ s. Vaisseau : « aucune coulpe ne puet estre inputée aux marchans ou aux pastrons des nées. » De *néer*, naviguer, du lat. *natare*. III, supp. nᵒ 997, XXXIV.

NEF, XVᵉ s. Bateau. Du lat. *navis*. III, 283.

NÉGOCIATION (la), XVIIᵉ s. Le négoce, le commerce : « ce remède augmenteroit beaucoup la négociation ; — et seroit audit fleuve la négociation entièrement libre. » Du lat. *negotiationem*, de *negotiari*. III, 33, 34.

NEUFVAGE, NEUVAGE, NOUAGE, XVᵉ s. Péage, tribut levé sur bateaux neufs, sur bateaux passant pour la première fois, dû par le marchand à son premier voyage. Du lat. *novus*. III, 62, 63, 103, 145.

NEUVAGE, v. neufvage.

NICHIL, XVᵉ s. Rien. Lat. *nihil*. II, 281.

NOTONIER, v. nautonnier.

NOTONNIER, v. nautonnier.

NOTTONNIER, v. nautonnier.

NOUAGE, v. neufvage.

NOUVELLETÉ, NOVALITÉ, XIVᵉ s. Nouveauté, innovation dans l'exercice d'un droit, trouble à la possession , impôt, péage nouveau : « et li fis commandement, et à un appellé Thomas, qu'ilz ostassent la nouvelleté ; — nouvelleté mise sus pour le pont de Meung ; — aides, péages, truages, impôts et novalités. » Bas lat. *novalitas*, du lat. *novus*. II, 195 ; III, 119, 301.

NOVALITÉ, v. nouvelleté.

NUEMENT, XIVᵉ s. Immédiatement, directement, sans intermédiaire : « lesquelles noblesses (du comté de Blois) le Roy et son procureur doivent garder et défendre comme le fié et domaine du Roy, par le moien de mondit seigneur (le comte de Blois) nuement tenu de

luy. » *Nue* et *ment*. III, supp.
n° 997, III.

NUISANCE, xviii⁰ s, Etat nuisible,
préjudiciable. *Noisance*, du lat.
nocentia. II. 530. V. halée.

NY, xiv⁰ s. Nou, dénégation : « res-
pont par ny et par fait contraire. »
*Mettre en ny, ponere in nega-
tum*, Du Cange. III, supp. n° 997,
xxxix.

O

Ô, xv⁰ s. Avec : « pour ung cent de
cuirs ô poil. » II, 26, 279 ; III,
378.

OBSTANT, xv⁰ s. Étant contre, opposé, faisant obstacle, par ce que.
Du lat. *obstantem, obstans*. III,
297. V. navrer.

OBSTENCION , OSTENCION, xv⁰ s.
Action de montrer, montre, exhi-
bition, production , présentation,
notification : « me transportay en
la ville de Sablé, par-devant Pierre
Hasses, chastellain dud. Sablé,
auquel fis obstencion desd. lettres ;
— ausquelx et à chacun d'eulx
jay fait ostencion et lecture desd.
lettres royaulx. » Du lat. *ostensio*,
d'*ostendere*, *ostensum*. II, 367 ;
III, 301.

OBSTER, OSTER, xv⁰ s. Oter, enlever, détruire, supprimer : « re-
quérir estre obstez et abatuz et
faire oster et abatre, duiz, combres, bois pierres et autres choses
empêchanz le cours desdiz fluve
et rivières. » II, 7.

OCCISION , xvi⁰ s. Meurtre, homi-
cide : « la mort et occision com-
mise en la personne d'un nommé
Fiacre Renart. » Du lat. *occisio,
occidere, occisum*. II, 458.

OMME, xv⁰ s. Homme, II, 547.

ONZAINE, UNZAINE , xvii⁰ s. Nom
donné à Nantes à certains chargements de sels transportés par
eau. La grande onzaine était de
quatre à six muids (96 mines = 8
douzaines de mines, à 143 mines
= 11 douzaines 11 mines), la pe-

tite onzaine, de deux à quatre
muids (48 à 96 mines). III, 318.

ORGEAUL. xv⁰ s. Organeau, arga-
neau, anneau de fer, encastré
dans la maçonnerie des quais et
des piles de ponts pour recevoir
les amarres des bateaux : « hurt
(d'un chalan) à l'un des orgeaulx
du pont de Blois. » II, 439.

OSTADE. Etoffe de laine fine, Du
Cange et Trévoux, mêlée de soie,
Hécart cité par Lalanne. Bas lat.
ostada, du nom, dit-on, de l'in-
venteur ou fabricant de ce tissu,
Van Ostade d'Anvers. II, 251.

OSTENCION, v. obstencion.

OSTER, v. obster.

OSTOUSSE, xv⁰ s. « En l'hostel de
l'Ostousse où plusieurs desd. marchans estoient logiez. » Altération d'*ostesse*, hôtellière, ou d'*os-
teus*, logis. Du lat. *hospes*. II,
313.

OU, xv⁰ s. Au. III, 220. V. leiger.

OULLE , xiv⁰ s. Ouaille, brebis.
Dans le Berri, *oueille*, Jaubert.
Du lat. *ovis, ovicula. Oulle*, fourrure, Du Cange, sous *olla*, qui
devait s'entendre ou avait du s'entendre à l'origine, de la toison
des bêtes à laine. III, 205. V.
chastriz.

OULTRAGEUX , xv⁰ s. Outrageant,
excessif : « usent iceulx péaigeurs,
de langaiges et paroles oultra-
geuses. » d'*outrage*, *oltrage*,
bas lat. *ultragium*, d'*oltre*, plus,
au-delà, du lat. *ultra*. III, 12.

OUZÉE de vent. xv⁰ s. Coup de

vent, bourrasque; pluie fouettée par le vent : « ligement qui effondra en l'eaue par un estourbillon ou ouzée de vent. » *Houssée*, de *housser*, battre, maltraiter, frapper, fouetter avec une *houssine*, une baguette de *houx*. V. JAUBERT, v° *housser* et ROQUEFORT. II, 436.

OY, xv⁰ s. Oui : « enquis à il qui deppose si,..., dit que oy. » *Oyl, oïl*, du lat. *hoc illud*. III, 297.

OY, xv⁰ s. Ouï, entendu : « jusques à ce que l'on les ayt sur ce oys ; — a oy dire. » d'*ouïr*, du lat. *audire*. II, 30, 56, 194.

P

PAAGE, xvi⁰ s. Péage. Bas lat. *pedagium*. III, 279.

PACQUÉ, PACQUET, xvi⁰ s. Paquet, ballot. Bas lat. *paccus*, angl. *packet*, all. *pack*, bas bret. *pak*. II, 70, 281.

PACQUET, v. pacqué.

PAIAGER, PÉAIGER, PÉDAGIER, PEIAGEUR, PÉAIGEUR, xvi⁰ s. Péager. De péage. II, *passim*. V. paage.

PALLÂTRES, xvi⁰ s. Petites pièces de bois, planchettes, appliquées, chevillées à l'intérieur d'un bateau pour masquer et boucher les fissures qui pourraient se produire entre les planches du fond ou du bordage, les fentes du bois, les trous de nœuds et empêcher l'eau de pénétrer : « de challan neuf, à savoir, les pallâtres qui sont cousues au-dedans du chalan où la doulouère a couru, pour les pallâtres, xj d. » De *palle*, pelle. III, 279. V. palle.

PALLE, xvi⁰ s. Pelle. Du lat. *pala*. III, 72.

PALLÉE, xviii⁰ s. Barrage de pieux, pilotis ou piquets établi dans le lit d'une rivière, pour l'exercice de la pêche ; droit de — , droit d'établir barrages de cette sorte : « avec les droits de pêche, fonds et pallée. » De *pal*, pieu, lat. *palus*, III, 122.

PANERÉE, xvi⁰ s. La contenance d'un panier : « pour batteau chargé d'orenges, une panerée pleine, des paniers en quoy elles sont apportées d'Espagne, Portugal ou autres lieux. » De *panier*, qui vient lui-même du lat. *panorium*, corbeille à pain. III, 242.

PARAIGER, xvi⁰ s Préparer, mettre en état, nettoyer, débarrasser des encombrements : « ung croic de fer à paraiger. » Cet instrument, mentionné dans un inventaire d'outils servant au balisage, doit s'entendre d'un crochet ou grapin à l'aide duquel les baliseurs cherchaient et saisissaient sous l'eau, retiraient ou détournaient les objets divers, pierres, ancres, bois, pieux, troncs, racines qui obstruaient la voie navigable. Du lat. *parare*. II, 455. V. parerie.

PARAVANT, xvi⁰ s. Auparavant, avant. *Par* et *avant*. II, 54.

PARERIE, PÉRERIE, xv⁰ s. 1. Etalage, boutique où l'on exposait la marchandise, lieu où l'on vendait et achetait, marché, marché au poisson : « devant les halles et granges de la parerie des forsbourgs dudit Chinon.» 2. Denrées mises en vente, destinées à la vente, disposées, préparées pour la vente, conduites au marché, la marée : « pour chacun millier de poisson de parerie, trois queues valant chacune queue deux pièces dudit poisson. » 3. Chargement, lot de denrées ou marchandises préparées pour la vente, de poisson notamment : « de toute pérerie de poisson, le cinquantiesme. » Bas lat. *pararia*, *parata*, du lat. *parare*, préparer, disposer. *Parée*, marée, Du CANGE. II, 422; III, 241.

PAR-CY-D'AVANT, xvie s. Ci-devant. II, 18.

PARDAVANT, PAR DAVANT, xvie s. Devant, en présence de. II, 24, 198.

PAR DAVANT, v. pardavant.

PARTEMENT, xve s. Départ. Du lat. *partiri*. II, 548.

PARTIR, xive s. Partager : « les coustumes des chalans (droits de péage levés sur les chalans) sont parties en la manière qui s'en-suyt. » Du lat. *partiri*. III, 244.

PASTE DE NOIX, xvie s. Pâte de noix : « paste de noix, ij d. » Peut-être, les pains formés du ré-sidu des noix qui ont passé sous la meule du moulin à huile ? III, 73.

PASTONNADE, xvie s. Pastenade, panais : « millier pesant d'amen-des, figues, raisins, reis, caspes pastonnades, olives, confitures, iij s. iiij d. t. » Dans la vallée in-férieure de la Saône, *pastonade*, carotte ; en Berri, *pastinade*, es-pèce de panais, du lat. *pastinaca*. L'article de pancarte de péage ici rapporté ne s'appliquant qu'à des fruits et denrées appartenant au commerce d'épicerie, il sem-ble que le mot *pastonnode*, qui s'y rencontre, devait indiquer un fruit ou une racine confit ou à con-fire, probablement des carottes ou autres racines découpées en ron-delles ou hachées en menus morceaux et desséchées au four. II, 232.

PAU, xvie s. Pal, pieu : « doivent par chacun an pour l'atache d'un pau qui est au dessoubz des mou-lins, pour servir ausd. marchands (bateliers), lxj s. t. » Du lat. *palus*. II, 446.

PAY, PÉ, PEL, xve s. Pal, pieu, piquet : « le millier de pe et de perches iiij d. » Du lat. *palus*. III, 124. V. archelet et pesseau.

PÉ, v. pay.

PÉAGERIE, xvie s. Territoire dans les limites duquel se lève un péage : « denrées et marchan-dises qui passent par le destroit de la péagerie dudit Chinon ; — et chacune pipe chargée pour transporter hors de lad. péage-rie. » De *péage*. II, 56 ; III, 206, 346.

PÉAIGER, v. paiagier.

PÉAIGEUR, v. paiagier.

PEAULTRE, v. peautre.

PEAUTRE, PEAULTRE, xive s. 1. Nom donné au gouvernail des bateaux de Loire. Ce gouvernail d'une forme et d'un agencement parti-culiers ne se rencontre sur au-cune autre rivière de France, il présente une analogie frappante, pour ne pas dire une similitude complète, avec les gouvernails des bateaux du Nil représentés dans les peintures antiques qui avaient été reproduites sur les murs du temple égyptien de l'exposition de 1867. 2. Péage levé sur les bateaux munis de *peautre*. *Piaute*, *pioute*. *Passim*. V. quarter.

PECAX, v. peiax.

PÉDAGIER, v. paiagier.

PÉGÉAS, v. peiax.

PEIAGEUR, v. paiagier.

PEIAX, PECAX, PESAZ, PESAT, PÉ-GÉAS, PIJAT, PIGIN, PIGNAT, PIGNIS. Pain, tourteau de poix, de résine, quelquefois d'un poids déterminé, servant alors de mesure pour l'assiette des droits de péage : « pour un peiax de poix, j d. p. » *Pége*, *pèghe*, *pégue*, poix, bas lat. *pega*, bas bret. *pék*, *pég*. lat. *pix*. III, 68 et *passim*.

PEL, v. pay.

PELLEUX, xvᵉ s. Pelu, velu, poilu : « pièce de cuir pelleux. » Du lat. *pilosus*. III, 72.

PERDITION, xviᵉ s. Perte d'une chose : « et de perdition dudit péage. » Du lat. *perdere, perditum*. III, 269.

PERFAIT, xviᵉ s. Parfait, achevé : « une meule de moulin perfaite, un caillou de moulin perfait. » S'entendait de la meule, du caillou percés, par opposition à ceux qui ne l'étaient pas encore, du lat. *perfectus*. Dans la vallée de la Saône meulé *foranche, forenche,* forée (P. S. 58, 106, 163), du lat. *forare*. III, 69.

PÉRI, PÉRY, xviᵉ s. Qui a péri, détruit : « perte d'un chalan péri et submergé ; — toute la marchandise estant dedans yceulx (bateaux naufragés), périe, perdue et gastée ; — de sorte que plusieurs bateaux ont esté submergez et péris ; — en la présente année sont péris cinq ou six bateaux. » Partic. passé de *périr*, tuer, détruire, périr, mourir. Du lat. *perire*. Cf. blas. *péri*, tombé en abîme. II, 224, 463, 474.

PÉRICLITATIONS, xivᵉ s. Sinistres de mer ou de rivières, naufrages : « périclitations faites en mer... . mais en fleuves petiz, telx comme la rivière de Loire, les périclitations qui adviennent... » De *péricliter*, faire naufrage. III, 393. V. périclité.

PÉRICLITÉ (être), xivᵉ s. Etre naufragé : « s'il advenoit que aucun chalan alant par la rivière de Loire pérille, au dedans des fins de lad. conté (de Blois), il (le comte) puet prandre en sa main toutes les denrées et appareilz contenuz et estans périclitez, avec le chalan périclité. » Du lat. *periclitari*, être en danger. III, 393.

PÉRILLER, xivᵉ s. Faire naufrage, de *péril*. III, 393. V. périclité.

PERRIER, xviᵉ s. Ouvrier employé à l'extraction de la pierre, à la tirer de la carrière et à la couper, carrier. *Perreur*, de *pere, piere, pierre*, du lat. *petra*. II, 392.

PERSE (toile), xvᵉ s. Toile peinte venant de la Perse ou imitée des toiles peintes de Perse. II, 545.

PERTUISE, xvᵉ s. Trou, ouverture, porte. De *pertuiser*. III, 59.

PERTUISER, xvᵉ s. Percer, ouvrir. Du lat. *pertundere, pertusum*. III, 59.

PÉRY, v. péri.

PESAT, v. peiax.

PESSEAU, xviᵉ s. Échalas. *Pessiau, paissiau, peyssel,* bas lat. *peissellus*, du lat. *paxillus*. II, 98.

PEZAS, v. peiax.

PICHIER, xivᵉ s. Pichet, vase à boire, de terre, d'étain, pot muni d'une anse, servant de mesure pour les liquides. *Pichel, bichier,* bas lat. *picherium, picarium, bicarium*, du grec ϐίκος, ϐικίον, vase, v. Du Cange. III, 206.

PICOIZ, xviᵉ s. Pic, pioche. All. *picke*. du lat. *picus*, pivert, suiv. Burguy. II, 455.

PICOUARER, xviᵉ s. Piquer, clouer, attacher : « et picouaré une douzaine de rondelles et goupilles. » De *pic*. II, 496. V. picoiz.

PIGIN, v. peiax.

PIGNAT, v. peiax.

PIGNIS, v. peiax.

PIJAT, v. peiax.

PIJIN, v. peiax.

PILLORY, xviᵉ s. Pilori, pilier, poteau servant à attacher les bateaux, point d'appui pour les tirer en amont, les faire monter, cabestan : « quail de pierre de taille, garny de boucles et pillory, sur le port de Nantes, pour servir à monter les bateaux, très-nécessaire pour la seureté, repoux

et dilligence des marchands. »
Bas lat. *pilorium*. II, 54.

PINOT, xvᵉ s. Vaisseau, baril à
mettre poissons salés : « item
sur chascun millier de seiches,
v s. t., item sur chascun pinot de
hadot, xij d. t. » De ce que le
pinot contenant hadots payait, de
péage, cinq fois moins que le millier de sèches, on doit conclure
que c'était un vaisseau pouvant
contenir deux cents sèches environ. III, 80.

PINPENEAU, xvᵉ s. Pimperneau,
petit poisson. Bas lat. *pipernella,
pipella*. II, 214; III, 80.

PINTIER, xvıᵉ s. Fabricant, marchand de pintes, de pots, potier,
potier d'étain. De *pinte,* bas lat.
pinta. II, 340.

PITEUX, xvıᵉ s. Pieux, charitable :
« à convertir (somme d'argent)
et employer en œuvres piteuses. »
Du lat. *pietas*. II, 323.

PLAIN (A), xvᵉ s. A plein, pleine-
ment, entièrement, complètement : « selon que le tout est
plus à plain porté et déclaré esd.
arrestz. » *Plein*, du lat. *plenus*.
II, 77, 225; III, 149, 261. V.
suffisance.

PLAIN (DE), xvᵉ s. Sans monter ni
rencontrer obstacle, comme il ar-
rive en plaine; de soi, tout droit;
exécutoirement, sans retard, con-
testation, ni recours : « que ladite ordonnance ils fassent accomplir sommairement et de
plain, sans long procès ou figure
de jugement, en punissant, par les
gens de la cour, tous les trans-
gresseurs.» Lat. *de plano*, de l'endroit où se tenait l'auditoire,
nommé *planum*, par opposition à
l'estrade élevée sur laquelle était
le siége du juge. III, 2.

PLANTATZ, xvıᵉ s. Plans, branches
de saule, d'aulne, propres à plan-
ter. Bas lat. *plantata*, du lat.
plantare. II, 60. V. poincteau.

PLAT, xıvᵉ s. Qui est large et
manque de profondeur, appliqué
au lit d'une rivière, de la Loire :
« la rivière qui est bien souvent
en lad. conté (de Blois) si plate,
que souvent on n'y puet pas nagier. » All. *plat.*, angl. *flat*, du
grec πλατύς. III, 395.

PLISSON, xvıᵉ s. Peluche, pelisse,
vêtement de peau fourrée. Du lat.
pellis. III, 198.

PLOC, xvııᵉ s. Fil de poils de vache,
de chèvre. II, 252.

PLUPART (LA), xvıᵉ s. Le plus grand
nombre des objets composant un
tout : « son challan et la plupart
du harnois d'icellui. » *La plupart
du harnois*, pour, *la plupart des
pièces composant le harnois*. II,
449.

POCHE, POUCHE, xvıᵉ s. Sac à blé.
Pouchet, poque, pouque, Bas lat.
pochia, poucha, punga, pochette,
angl. *pocket,* néerl. *punge.* III,
124, 194.

POCHÉE, xvıᵉ s. La contenance
d'une poche, d'un sac à blé. *Pou-
chée, pouchiée, ponchié, ponchiée.*
De *poche*. III, 194.

POGE, xvııᵉ s. Petite monnaie de
cuivre, moitié de l'obole, quart
du denier, la même que la pite et
la poitevine : « luy est deu par
chaincune sentine chargée de sel,
v soulz, ix deniers, obolle, poge
tiers de deniers.» Il convient, pour
l'intelligence de cet article d'un
aveu fait à la Chambre des comptes de Bretagne, de le compléter
comme suit : *luy est deu..... v
soubz , ix deniers, obolle (tournois), poge (parisis, valant) tiers
de denier (tournois).* En effet le
rapport de la monnaie parisis à
la monnaie tournois étant de 5 à
4, la poge parisis , quart du denier parisis, représentait à peu de
chose près, 8 centièmes, le tiers
du denier tournois, 4 : 3 (1,33) —
5 : 4 (1,25) = 0,08. Cf. TRÉVOUX,
où la poge est évaluée au tiers

du denier, et un texte rapporté par Du Cange, sous *pogesa*, où elle est évaluée à la moitié du denier tournois, évaluations approximatives qui doivent s'appliquer l'une et l'autre à la poge parisis. *Pogios, pogeoise, pougeoise*, bas lat. *pogesa, pogesia, pogesus, pogesius*. III, 318.

POICTONNAGE, xviᵉ s. Droit levé, à Nantes, sur les sels venant du Poitou : « si le sel est de Poitou, il (le vaisseau) doit pour le poictonnage, x s. vj d. » III, 312.

POINÇON, poinsson, xvᵉ s. Fût employé particulièrement à la conservation et au transport des liquides, moitié de la pipe ou tonneau, quart du tonneau de deux pipes, de la même contenance que le traversin : « cinq soubz le vin d'Orléans dont la pipe ou les deux poinssons tient deux cent trente deux pots. » III, 169. V. tonneau et traversin.

POINCTEAU, appoincteau, xviᵉ s. Construction de pieux et pilotis en rivière, pour faciliter la navigation : « poincteau autrement bateiz, au-dessus des ponts de Chinon, pour servir et ayder aux bateaux montans et descendans ; — et aussi ajusté ledit appoincteau de quinze toises de long et fortifié, par derrière et devant, de sept à huit cent plantatz de saulle et quétiers. » II, 60. V. quétier.

POINSSON, v. poinçon.

POIRÉE, v. porée.

POIS, xviᵉ s. Haricot. Du lat. *pisum. Pois* était le nom de la graine légumineuse qu'on appelle aujourd'hui haricot, *chiche* ou *cerre*, le nom de celle qu'on appelle pois. V. Du Cange sous *pisum*, notre mém. sur la valeur des denrées à Orléans, tab. viii et ci-dessous le mot *serre. Passim.*

POISER, xviᵉ s. Peser. De *pois*,

poix, poids, bas lat. *pensus*, du lat. *pensare*. III, 90. V. avoir.

POMMELLE de lin, xviᵉ s. Paquet, botte, faisceau de lin, de forme arrondie. De *pomme*. III, 118.

POMPON, xviᵉ s. Plante potagère de la famille des concombres : « de chacun chalan où il y aura cocombres ou pompons, est deue, de chacune desdites sortes, quatre. » III, 185.

PONER, xvᵉ s. Monter, remonter des bateaux, des marchandises sur une rivière, les conduire en amont : « bastis nécessaire aux marchans, par ce qu'ilz y estuchent (attachent), tant en ponant que en beessant, leurs basteaux et chaslans ; — de sorte que les bateliers ne peuvent avoir leurs chemins et hausserées, en la largeur de xviij pieds, qui leur sont nécessaires pour aller (haler) et poner à col, contremont, lesd. bateaux et marchandises. » Dans la vallée de la Saône *poyer* : « pour charge de cuivre, de poyé iiij d. et de baissé viij d. t. » (P. S. 169 et suiv.) dont *poner* a pu être une altération, de l'ital. *poggiare*, monter, appuyer, par ce qu'en effet, pour monter, il faut prendre appui, pour vaincre notamment la résistance d'un courant il faut appuyer, sur le vent en hissant la voile, ou sur la rame, la pique ou la corde de halage. Lorsqu'ils veulent exprimer que le courant est fort, les mariniers de la Saône disent : « l'eau pèse. » II, 440, 478. V. reponer et baisser.

PONT PASSANT, xvᵉ s. Pont sous lequel on passe, à arches assez grandes pour donner passage aux bateaux. III, 153.

PORÉE, poirée, xviᵉ s. Poireau : « le cent de porées ou d'oignons.» Du lat. *porrus*. III, 118, 120.

POT, xviᵉ s. Mesure pour les liquides, les vins, deux cent

trente deuxième partie de la pipe d'Orléans et d'Anjou, cent seizième partie du poinçon. III, 169. V. billot, poinçon et potaige.

POTAIGE, xvi° s. Potage, grains provenant de plantes légumineuses, pois, fèves, etc. : « chacun muid de blé, de potaige, d'avène, de noix, doit viij d. » De *pot*, vase à boire, puis à faire cuire, bas lat. *potus, pottus*, du lat. *potare*, boire, *potus*, boisson, gr. πότος, cf. ποτήρ, ποτήριον, coupe, III, 279.

POUCHE, v. poche.

POUETTEAU, xvi° s. Poteau. *Posteaul, postel*, bas lat. *postellum*, du lat. *postis*, jambage de porte. III, 231. V. membreure.

POURCHACER, xv° s. Pourchasser, suivre, poursuivre une affaire. *Porchacier, porchacer*, pourchasser, *chacier, cacier*, chasser, bas lat. *chaciare, caciare*, ital. *cacciare*, du lat. *captare*. III, 151, 152. V. pourchas.

POURCHAS, xv° s. Poursuite en justice, quête, démarche : « et faire tels poursuite et pourchas pour les (obstacles dans le lit des rivières) faire abattre. » II, 7.

POURFORCEMENT, PARFORCEMENT, xiv° s. Action de forcer, violence, pression. De *forcer, force*, bas lat. *fortia*, du lat. *fortis*. III, 280, 350.

POURSIGNES, xiv° s. « Il (le procureur des M. F. dans un procès soutenu contre le comte de Blois) le croit bien, que des choses qui li (au comte de Blois) sont aquises et qui ne sont pas poursignes, il en peut faire ce qui li plaist. » *Poursigne* paraît avoir ici le sens de contesté, réclamé, poursuivi. Cf. une ordonnance de 1369, dans laquelle on lit : « nous mettons du tout au néant, par ces présentes, se délessent du tout en tout, tantost ces lettres veuez, sans les en jamais poursigre ou molester en aucune manière. » (Rec. des ordonnances, V, 218). III, 394.

POURSUIR, xv° s. Poursuivre. Du lat. *prosequi*. III, 82.

POVOIR, xvi° s. Pouvoir, procuration. *Pooir*, verbe *povoir, pooir*, pouvoir, employé substantiv., bas lat. *posse*, du lat. *posse, possum*. II, 11.

PREFFONS, xiv° s. Profonds. III, 395.

PRÉFIXER, xvi° s. Fixer, indiquer à l'avance. De *pré* et *fixe*, lat. *præ*, devant, et *fixus*, de *figere*, ficher, attacher. II, 367.

PREIGNE, xv° s. Prenne : « que doresnavant il ne preigne que demy péaige. » III, 177.

PRINS, xiv° s. Prends. II, 194.

PUET (il), xvi° s. Il peut. III, 393.

PUYS, xvi° s. Depuis : « chalan péry et perdu au port de Chasteauneuf puys trois sepmaines. » ital. *poi*, après, du lat. *post*. II, 462.

Q

QUARRIER, xv° s. Carrier, tailleur de pierres. Du lat. *quadratarius* et *quadrare*. II, 541.

QUART, xvi° s. Quatrième. Lat. *quartus*. II, 9.

QUARTE, xvi° s. Carte, feuille de papier, ou peut-être quart de feuille de papier, feuille de papier coupée ou pliée en quatre : « millier poisant de quartes de papier. » Cette orthographe, si elle est bonne, indiquerait en effet pour étymologie, *quarta*, quatrième partie, de préférence à *charta*, cf. Du Cange, *carta lusoria* et *quarta*, 9, 10. II, 232.

QUARTEAU, xvıᵉ s. Quart d'une mesure, du tonneau, du muid : « quarteaux de tous bledz, j d. t., tonneau de charbon de pierre, ij d. t., quarteau de chau. j d. t.» De *quart*, lat. *quartus*. III, 72.

QUARTER, xıvᵉ s. Se disait d'une quantité, d'une mesure, qui correspondait à la moitié, au quart, au huitième, au double, au quadruple d'une autre quantité ou mesure, c'est-à-dire à l'un de ses diviseurs ou de ses multiples par 2 ou 4 : « les trois muys de Nantes vault quatre muys à Saulmeur, et s'il y a deux muids qui ne puissent quarter à l'autre nombre, ilz vaudront assemblez à la peautre (le péage de deux muids augmenté du droit de peautre vaudra) trois muys et demy. » De *quart*, bas lat. *quartare*, partager en quatre, du lat. *quartus*. III, 244.

QUARTIER (charniers, échalas, perches, pesseaux de), xvᵉ s. Charniers de bois fendu, fendu en quartiers, par opposition aux charniers ronds : « sur chacune douzaine de javelles de charniers ou achalaz de quartier, iiij d. p.; — sur chacune douzaine de (javelles de) charniers rons, ij d. p. » Bas lat. *quartarius*, de *quartare*, partager en quatre, du lat. *quartus*. III, 72, 148.

QUARTREAU, xıvᵉ s. Quatre pièces d'une même denrée ou marchandise : « baleine, chacune chartée, un quartreau; la somme, une pièce. « De *quatre*, du lat. *quater*, *quatuor*. III, 205.

QUERNIL, xvᵉ s. : « Pour millier de serche, viij d., pour charretée, demy quernil et pour chacune chalandée trois quernilz. » Faut-il voir dans ce mot un dérivé, par contraction du lat. *quaterni*, objets au nombre de quatre, et

en conclure que le *quernil* était ici un lot de 4 rouelles de cercles, ce qui donnerait pour le *demi-quernil*, péage de la charretée, 2 rouelles, pour les trois *quernils*, péage de la chalandée, 12 rouelles? Cf. *Querne*, dans une dissertation de M. Morel-Fatio, Lausanne, 1866. Ou bien *quernil* serait-il un synonyme de quarteron, quart du cent, indiquant un lot de 25 rouelles de cercles? V. Du Cange, sous *quarnellus*. A Orléans, à la fin du xıvᵉ s., le millier de cercles valait 2 livres parisis, la rouelle, 1 sol. III, 220.

QUESTE, xvıᵉ s. Cueillette d'un péage par le préposé à sa perception : « certains deniers dont la queste, recepte et levée a esté de tout temps établie ès-villes de Nantes, Saumur et la Charité. » Du lat. *quærere*, *quæsitum*. II, 227

QUÉE, xvᵉ s. Queue, tonneau. Bas lat. *cauda*, *quauda*. II, 210.

QUESTIER, QUÊTIER, xvıᵉ s. Têtier, têtard, arbre que l'on étête chaque année, tels sont les saules poussant dans les îlots et sur les bords des rivières. II, 60, 531. V. poincteau et gravange.

QUEUE, xvıᵉ s. Compte, nombre déterminé de certains objets, de poissons, deux poissons : « trois queues, vallant chacune queue deux pièces dudit poisson » Le même mot, bas lat. *quauda*, *cauda*, était le nom d'une mesure de contenance, des liquides et des grains. III, 241. V. quée.

QUINTAINE, xvᵉ s Figure ou bouclier mobile appliqué à un poteau ou à un ensemble de poteaux que des jouteurs (ici des équipes de bateliers) devaient frapper de leurs lances : « à Jehan Foucher qui a eu et prins la charge de faire faire la quintaine et battre (dans le lit de la Loire) les pez où elle a esté affichée. » Bas lat. *quitaine*, ital. *quintana*. II, 546. V. I, 340.

QUINTE, xvᵉ s. Ressort, banlieue composée de cinq villages ou d'un rayon de cinq mille, cinq lieues. Bas lat. *quinta.* du lat. *quinque.* II, 1 ; III, 344, 377.

QUIPAIGE, xvıᵉ s. Équipage. II, 36. V. équipe.

QUIS (ont), xvᵉ s. Ont cherché. Parf. indic. du verbe *quérir*, lat. *quærere.* III, 153.

QUITTEMENT, xvᵉ s. Adv. indiquant, exprimant qu'on n'est sou-

mis à aucun tribut : « disant que ja soit qu'ils aient d'ancienneté acoustumé de mener leurs denrées par lesdites rivières franchement et quittement. » De *quitter.* III, 260.

QUITTER, xvᵉ s. Laisser, abandonner une prétention, un droit, y renoncer, s'en désister, libérer d'une dette, donner quittance. *Quiéter*, lat. *quietari*, *quietum facere*, donner le repos. II, 282; III, 84.

R

RABETTE, xvıᵉ s. Navette. *Rabe, rabbe*, bas lat. *raba, rabea*, du lat. *rapa.* III, 139.

RAPASSER, xıvᵉ s. Passer de nouveau, repasser. *Ra*, lat. *rursum* et *passer*, du lat. *passus.* II, 192.

RÉAUMENT, xvᵉ s. Réellement. Lat. *realiter.* III, 13.

RECABLAGE, xvııᵉ s. Action de retordre un cable en le doublant ou de le raccommoder : « pour la vente d'un câble et le recablage d'icellui. » *Re* et *câblage*, de *câbler, cable, chable*, du lat. *caplum.* II, 496.

REDDIFIER, xvᵉ s. Réédifier. Contract., du lat. *rursum ædificare.* II, 417.

REDEVOIR, xvᵉ s. Redevance, devoir, somme due, le montant du péage que doit une marchandise. *Re* et *devoir, dever, deveir*, du lat. *debere, debitum.* II, 216.

RÉDIFIEMENT, xvᵉ s. Reconstruction. De *rédifier.* II, 416.

RÉFECTION, xvᵉ s. Reconstruction, rétablissement, entretien : « aides et subsides pour les réfections et réparations des villes. » Du lat. *refectionem.* III, 2.

REIS, xvıᵉ s. Riz. Du lat. *oriza.* II, 232.

RELAT, xvᵉ s. Relation, rapport : « au relat dud. notaire. » Du lat. *relatum.* II, 7.

REMAIS, REMEZ, RÊME, xvᵉ s. Saindoux, graisse. Bas lat. *rema.* III, 95 et *passim.*

RÊME, v. remais.

REMENANT (le), xıvᵉ s. Le restant, le surplus. De *remanoir*, demeurer, lat. *remanere.* III, 244.

REMEZ, v. remais.

RENDE, xvᵉ s. Déclaration. réponse : « lequel me fist pareille rende que cy-dessus est déclaré. » De *rendre*, déclarer, répondre, du lat. *reddere.* III, 302. V. au supplément.

RENS, xvᵉ s. Rien. *Ren, riens*, du lat. *res, rem.* III, 297.

RENVEQUER, xvıᵉ s. Révoquer. Du lat. *revocare.* II, 30.

REPAIN, v. tépin.

REPÉRER, xıvᵉ s. Avoir en un lieu son point de départ et de retour, son établissement, sa demeure, le gîte où l'on revient. *Repairer, repairier*, bas lat. *reparare* du lat. *repatriare*, suiv. Le Duchat cité par Burguy. III, 280. V. converser.

REPONER, xvᵉ s. Remonter un bateau, le conduire, le tirer en amont, contre le courant : « c'est tout leur passage à reponer et beesser leurs challans. » II, 440. V. poner.

RET, xvi° s. Rais, rayon, bâton : « chacun eschegeau (radeau) fait tout de ret ; — rets de bois à faire charretes. » *Raiz*, bas lat. *radiola*, du lat. *radius*. III, 342, 347.

RETARDATION, xvi° s. Action de retarder, retard apporté à une chose : « à ce qu'il n'y eust aucune retardation du bien public.» Du lat. *tardare*. II, 74.

RETEAU, xvi° s. Rateau. Du lat. *rastellus*. III, 134.

REVESTIR, xv° s. Revêtir, investir, conférer un droit, vêtir de nouveau. *Raviestir*, bas lat. *revestire*, du lat. *re, rursum*, et *vestire*. III, 47. V. dévestir.

REZ, xvi° s. Ras : « huict boisseaux (de sel) rez. » Du lat. *radere*, *rasus*, raser, balayer. III.

RIBON RIBANNE, xv° s. Ribon-ribaine, de bon vouloir ou non, bon gré mal gré : « à quoy fut répondu que ribon ribanne ilz paieroient. » III, 66.

RIELLE, xv° s. Ridelle. *Rizelle, rudelle*, bas lat. *redellus, reddele*, du lat. *ridica*. III, 124. V. sentine à corbe.

RIFFLART, xv° s. Rifflard, longue laine sans apprêt : « ung pacquet de rifflart, x d. » Cf. TRÉVOUX, II, 281.

RIVAGE, xvi° s. Possession, usage d'un rivage, d'une rive, par des bateliers, droit d'aborder, de débarquer, d'amarrer sur un terrain bordant la rivière où ils naviguent: « luy doivent (au prieur de Saint-Nicolas d'Offart) pour chacun an, pour les paux et rivages que lesd. marchans (fréq. la Loire) ont ou fief dudit prieur, lxxv s. t. » II, 446.

RIVERAGE, xviii° s. Droit sur les marchandises arrivant par eau, abordant à la rive. De *rive*, bas lat. *ripaticum*, du lat. *ripa*. II, 259.

RIVOY, xv° s. Bras secondaire d'une rivière navigable : « auxerées du rivoy de Thoaray, près lad. ville de Nantes. » Du lat. *rivus*. V. ci-dessous *ruau*. II, 433.

ROCOU, xvii° s. Roucou, pâte faite de semences du roucouyer, employée en pharmacie et pour la teinture. II, 252.

ROECTE, xvi° s. Rouet, roue, treuil, cylindre. Du lat. *rota*. II, 456.

ROMPRE, xv° s. Retirer, enlever, interrompre : « toutes voies, se durant ladicte année ce présent octroy leur estoit rompu, nous voulons qu'ils.. » Lat. *rumpere*. III, 82.

ROMPTEUR, ROMPTURE, xv° s. Interruption, cessation, rupture : « rompteur et discontinuacion de la marchandise (du commerce). » Du lat. *rumpere, ruptum*. III, 13, 81.

ROMPTURE, v. rompteur.

RONDELLE, xv° s. Baril, petit tonneau employé notamment au transport des harengs. Bas lat. *rondella*, du lat. *rotundus*. III, 242.

ROTÉE, ROTRÉE, xv° s. Branche pliante et assez souple pour pouvoir être tordue, propre aux œuvres de vannerie, osier : « millier de merrien à vin, de bois, tant merrien de chantille, rotée, comme de triquet. » II, 213, 379. V. rotte, rottée et chestivelle.

ROTEREAU, xvii° s. Engin de pêche en osier ou branches de bois flexible, barrages fixes formés de piquets, de clayonnages, de pieux, qu'on plaçait ou qu'on disposait dans le lit des rivières, particulièrement au débouché des arches des ponts : « pêcheries et rotereaux qui touchent aux arches du pont de Piremil. » De *rotte*. III, 34. V. rotte.

ROTTE, xvi° s. 1. Lien formé d'une branche souple et pliante, tordue sur elle-même, toute branche ou baguette assez flexible pour se prêter à cette torsion et être employée soit à former des liens, soit à œuvre de vannerie, osier. 2. Le paquet ou faisceau, lié par une *rotte* : « douze rottes de tan ij d. (de péage). » *Riotte. ra-orte, réorte, roete*, bas lat. *raorta, rearta*, du lat. *retortus*. III, 199. V. rotée.

ROTTÉE, xvi° s. Chargement, charretée, charretée d'écorces : « pour la rottée de tan ou charretée j d. t. (de péage); — pour chalan ou bateau de rottée de tan, j d. t. » De *rotte*, les écorces étant transportées en paquets ou faisceaux (rottes), v. ce mot. III, 194.

ROUAGE, xviii° s. Droit levé sur les voitures passant par les grands chemins. De *roue*, bas lat. *rotaticum*, du lat. *rota*. II, 259.

ROULIS, roullis, xvii° s. Construction en maçonnerie ou pieux dans le lit d'une rivière pour rejeter le courant ou le diriger vers le chenal navigable, sous la roue d'un moulin flottant, etc. II, 510, 523, 529.

ROULLIS, v. roulis.

ROUPE, v. moye.

ROUZETTE, xvi° s. Rosette, cuivre sortant de la mine : « millier poisant de rouzette de cuivre galle, iij s. » De *rose*. II, 292.

ROUZINE, raisine, rauzine, xvi° s. Résine. Du lat. *resina*. III, 245, 248, 250.

RUAU, xvii° s. Bras secondaire se formant dans le lit d'une rivière soit entre une rive et une île, soit entre deux îles. *Rieu, ru*, bas lat. *riale*. du lat. *rivulus*. II, 239, 510, 529.

RUSTIQUE, xvi° s. Subst. habitant des champs, paysan : « les rustiques. » Lat. *rusticus*, de *rus*. III, 196.

S

SACHÉE, xvi° s. La contenance d'un sac. De *sac*, lat. *saccus*. III, 193.

SAFFLE, xvii° s. Saffre, couleur bleue tirée du cobalt. II, 252.

SAINGT, xv° s. Ceinture : « saingt de perles dont a esté parée l'une desd. filles. » De *chaindre*, *çaindre*, *ceindre*, du lat. *cingere*, *cinctus*. II, 545.

SAISISSEMENT, xvi° s. Saisie : « saisissement des deniers d'icelle boeste. » De *saisir*, *seisir*, bas lat. *saisire*, *sacire*; all. *setzen*, mettre, placer. II, 48.

SALLAGE, sallaige, xiv° s. Droit levé sur les bateaux chargés de sel. Bas lat. *salasium*, *salaticum*, du lat. *sal*. III, *passim*.

SALLAIGE, v. sallage.

SANC, xiv° s. Sang. III, 393.

SANGLE, xvi° s. Sanglé, entouré d'un lien : « charretées (de bois) sangles. » *Charretées sangles*, pour *sanglées*, devait s'entendre ici de chargements retenus, serrés par des liens, parce qu'ils dépassaient en hauteur les ridelles de la charette. Partic. de *sangler*, *cengler*, ceindre, de *sangle*, *cengle*, bas lat. *cingula*, du lat *cingulum*, ceinture, de *cingere*. III, 404. V. espeur.

SANTINE, v. sentine.

SANTINEAU, xvi° s. Sentine, partie la plus déprimée du fond d'un bateau, le point ou s'accumulent les eaux de pluie ou d'infiltration : « lequel (arbre étant en l'eau) perça led. chalan en dessoubz, près du santineau. » *Sente*, fond de cale, *santine*, bateau, v. ce mot. II, 441.

SANURE, SAUNURE, xvi⁰ s. Menu grain placé dans la pancarte du péage de Blois entre le mil et là vesce, peut-être le sénevé, bas bret. *séon, senu*. III, 184.

SARCILLE, v. sardille.

SARDILLE, SARCILLE, xvi⁰ s. Pour sardine. Lat. *sardina, sarda*. III, 220, 272. V. truetz.

SARGERIE, xvi⁰ s. Tissus de façon de serge : « pour charge de sargerie sur fil (croisée laine et fil), xv⁰ s. » De *sarge*, serge, bas lat. *sargia, sargium*. III, 316.

SAULNERIE, xvi⁰ s. Tout se qui se rattachait aux opérations de fabrication et de manipulation des sels. Du lat. *salinarius, salinaria*. III, 312.

SAUNURE, v. sanure.

SAUMACE, xv⁰ s. Salaison : « pour somme de saumace, ij d. » Par extension de *saumace, saumache*, eau saumâtre, salée, de mer ; du lat. *salmacidus (sal acidus)*, saumâtre. III, 379.

SAUVAGINE, xvi⁰ s. Bête sauvage, toute fourrure de bête sauvage : « pour la charge de peaux de sauvagine, viij d. t. ; — pour fardeau de pelleterie, s'il y a sauvagine, xij d. » De *sauvagin, sauvage, salvage*, du lat. *silvaticus, silva*. III, 194, 241.

SAUVAZINE. Bas lat. *salvasina*. La même chose que sauvagine.

SAUVETÉ, xvii⁰ s. Sûreté. — Droit de —, péage levé sur les navires ou bateaux naviguant en aval de Nantes, pour prix de la sûreté garantie par le seigneur péager. *Salveté*, bas lat. *salvitas*, du lat. *salvus*. III, 313. V. Brieulx.

SAYETTE (fil de), xvii⁰ s. Laine filée, servant à la fabrication de la *sayette* qui était une étoffe grossière de la nature de la serge, de la bure. *Saie*, bas lat. *saia, saium, sagia, saga*, esp. *sayal*, ital. *saia, saietta*, du lat. *sagum*, saie, sayon ; ayant tiré son nom de celui du vêtement à la confection duquel on l'employait particulièrement. II, 251.

SCEAULNE, v. asseaulne.

SCET, xv⁰ s. Sait : « et plus n'en scet. » Lat. *scit*. III, 57.

SE, xv⁰ s. Si. III, 82. V. rompre.

SEICHE, xvi⁰ s. Sèche, poisson de mer, espèce de morue : « pour millier de morue verte, v l., pour millier de morue seiche, L s., pour millier de margade ou seiche, xv s. Lat. *sepia*. III, 245.

SÉJOUR, xv⁰ s. Interruption. III, 347. V. équippe.

SENTINE, SANTINE, SENTINNE, xiv⁰ s. Nom qui, sur la Loire, était donné à des bateaux de dimensions diverses, employés au transport des denrées et marchandises de toute nature, des sels particulièrement. La sentine était dans de nombreuses pancartes de péage assimilée au chaland, la sentine *vergée* (mâtée) notamment. Ce nom très-usité aux xv⁰ et xvi⁰ siècles, n'est donné aujourd'hui à aucun des bateaux qui naviguent sur la Loire. *Sentaine, sentène, centine*, bas lat. *santina, sentina, centina*. II, III, *passim*. V. santineau et avoir.

SENTINE A CORBE, A CORBÉES, CORBÉE, xv⁰ s. Sentine à courbes, vraisemblablement la santine dont la membrure était courbée, par opposition à celle dont les flancs étaient cousus sur membrure verticale : « pour neufvage de chalan, sentine ou fustereau à corbe, ou sans corbe, chargé ou non chargé, ij s. vi d. ; — une sentine à corbées et celle qui n'est pas à corbées et est à rielles, ij d. » III, 59, 90, 124. V. corbe, rielle et sentine.

SENTINE A CORBÉES, v. sentine à corbe.

SENTINE A MOULIN, xvi° s. Sentine disposée pour recevoir et porter un moulin. III, 117.

SENTINE A RIELLES, v. sentine à corbe et rielle.

SENTINE CORBÉE, v. sentine à corbe.

SENTINE MÈRE, xvi° s. Grande sentine suivie d'une ou de plusieurs allèges. III, 22. V. mère.

SENTINE VERGÉE, xv° s. Sentine munie de vergues, mâtée. De verge, vergue. III, 120.

SENTINÉE. Charge, contenance d'une sentine, mesure pour l'assiette des péages. De sentine. III, 124.

SENTINNE, v. sentine.

SEPTEMBRESCHE (la), xv° s. La fête de la Nativité de la Sainte-Vierge, qu'on célèbre le 8 septembre. III, 220.

SÉPULTURE, xvi° s. Cercueil de pierre. III, 117. V. tombe.

SERNOYN, xv° s. Espèce de pomme : « pommes partie capendu, partie sernoyn. » Pourrait venir de cerne, cercle, rond, bas lat. cernea, du lat. circinus ? II, 548.

SERRE, xvi° s. Pois chiche : « pour muy d'avoine, orge, poix ou serre. » Cerre, du lat. cicer. III, 180. V. pois.

SIAGE, xvi° s. Bois scié, planches : « pour cent de siage, xij d. » De scier, bas lat. seccare, du lat. secare. III, 91.

SIGNET, xv° s. Seing, sceau, cachet. Du lat. signum. III, 263.

SIVIÈRE, xvi° s. Pièce d'étoffe taillée vraisemblablement pour usages domestiques, et d'un emploi assez général, car on la vendait à la douzaine : « pièce de futaine, de drap, grande ou petite, de drap de soye, comme de velours et autre soye, douzaine de sivières, iiij d. t. (de péage). » III, 72.

SOMME, sommier, xvi° s. Charge, charge de cheval, âne ou mulet, quantité d'une denrée, d'une marchandise ou de marchandises diverses atteignant à un poids déterminé : « somme de miel, et y en a à la pipe trois sommes, de fer, d'acier, de graisse, de suif, par somme ix d., et est la somme par eau de six cens pesants ; — somme d'huile, de miel est par eau de quatre coterets, iiij d. ; — verres chacun sommier, de péage deux verres. » Dans la vallée de la Saône sommée (P. S. 152). Bas lat. summa, salma, par corruption du lat. sagma, σάγμα, bât. III, 271, 279. V. fardeau.

SONNACE, xvi° s. Salaison, poissons salés de petite espèce. Du lat. sal, dont les dérivés sont dans la basse latinité, salinnia, sannaria, salinarius, sannarius. III, 210. V. truetz.

SOUBZ-MÈRE, xvi° s. Sous-mère, bateau attaché dans un train de remonte, au bateau mère, le second bateau du train. III, 95. V. mère.

SOUCHET, xv° s. Oiseau : « un autour, un faulcon, un émérillon, j d. ; item la douzaine de perdrix, ij d. ; item un souchet, chacun maille, ob. ; item si l'esprevier y est, il affranchit tout. » Oiseau de proie autre, vraisemblablement, que l'épervier, l'autour, le faucon, l'émérillon, qui de plus était de moindre importance ou valeur, à en juger par le denier de péage très-inférieur auquel il était assujetti, Souchet paraît être une altération de mouchet, espèce d'épervier ou tiercelet, bas lat. muschetus, muscetus, du lat. musca, à cause de sa petitesse, ou des mouchetures de son plumage. V. BUFFON et LITTRÉ. III, 125.

SOULOIR, XVᵉ s. Avoir l'habitude de faire une chose. *Soloir*, lat. *solere*. III, 274. V. double.

SOULOIR (se), XVIⁱ s. Forme du verbe *soloir*, *avoir coutume*, se combinant avec un autre verbe dans une acception passive : péages « qui se souloient lever, » c'est-à-dire qui avaient l'habitude d'être levés, pour : qu'on avait l'habitude de lever. Lat. *solere*. III, 27.

SOURDRE (se), XVᵉ s. S'élever, se produire, naître : « procès qui se saurdront et mouveront. » Du lat. *surgere*. II, 2.

SOUS-TIROT, XVIⁱ s. Le bateau qui dans un train de remonte, sur la Loire, est accroché au *tirot*. II, 196. V. tirot.

SOUTER, XVIⁱ s. Enlever, retirer de bas en haut, soulever : « avoir fait souter plusieurs boys et pierres de la rivière de Oudon. » Du lat. *subtollere*. II, 486.

SPIRITUALITÉ, XVIⁱ s. Ce qui dépend de la juridiction spirituelle : « Orléans cappitalle et principale ville de tout le bailliage et évesché tant en spiritualité que en temporalité. » Lat. *spiritalitas*, de *spiritus*. III, 179.

SUBCOMBÉ (être), XVᵉ s. Avoir succombé : « certain procès auquel lad. dame est subcombée. » Du lat. *succumbere*. II, 313.

SUBROGUER, XVIⁱ s. Subroger. Lat. *subrogare*. II, 74.

SUBMISSION, XVᵉ s. Soumission. Lat. *submissio*. III, 33.

SUFFISANCE, XVIⁱ s. Capacité suffisante pour remplir un emploi, accomplir un mandat, aptitude : « nous confians à plain de vos sens, suffisances, loyauetez. » Du lat. *sufficere*. II, 357.

SUIR, v. ensuir.

SUMPTUEUX, XIVᵉ s. Coûteux, cher : « et que dure chose et sompuueuse seroit auxdix compaignons de plaider... » Lat. *sumptuosus*. II, 194.

SUPERCEDDER, XVIⁱ s. Différer, ajourner : « ont été d'avis que lad. assemblée feust superceddée jusques au premier jour de l'an prochain. » Du lat. *super*, sur, au delà, et *cedere*, céder, abandonner. II, 75.

SURER, XVᵉ s. Assurer, rendre sûr, certain : « il payera selage s'il ne sure qu'il y eust moins de cinq mays. » De *seur*, *sepur*, sur, assuré, du lat. *securus*. II, 220.

SURVENDRE, XVIⁱ s. Vendre un objet au-dessus de sa valeur : « au dommage notable du public auquel les marchandises sont survendues de beaucoup par l'effet det. la levée desditz droitz. » De *sur* et *vendre*, lat. *super*, au delà, et *vendere*. III, 111.

T

TABOUR, XVIⁱ s. Tambour. *Tabour*, *tabor*. III, 141.

TAC, XVIⁱ s. Talc : « savon et tac en baril, ij s. vj d. t. de péage. » Bas lat. *talcus*, ital. esp. *talco*, angl. all. *talk*. III, 139, 185.

TACRE, TRAQUE, XVIⁱ s. Paquet, compte, nombre déterminé de cuirs, dix cuirs : « tacre de cuir, contenant dix cuirs. » Bas lat. *tacra*, *tackla* : ailleurs, *torcha*, *torchia*. DU CANGE, par extension de *torcha*, torche, faisceau. III, 198. V. torche.

TAILLOIR, xviᵉ s. Assiette, plat de bois, sur lequel on taillait, on coupait les viandes. Bas lat. *talliatorium*, de *talliare*, du lat. *talea*, θαλία, bouture, branche, v. Du Cange sous *talea*. III, 117. V. tranchoir.

TEMPORALITÉ, xvᵉ s. Tout ce qui tient aux biens temporels, à ceux de l'Eglise notamment. Bas lat. *temporalitas*. III, 179. V. spiritualité.

TEPIN, xviᵉ s. Pot de terre : « pour sentine chargée de tepins, *aliàs* repains, iiij d. t. » *Tupin, tuppin*, bas lat. *tupina*, all. *topf*, du lat. *tofus*, tuf, v. Du Cange. III, 72.

TERRAGE pour **TESAGE**, xviᵉ s, Mesurage à la toise, mesure : « le millier de cercle, iiij d. ; — le fesseau de sercle de grant terrages. ob. » Ce passage extrait d'un exemplaire de la pancarte du péage de Châteauneuf-sur-Loire, imprimé à la fin du xviᵉ s., offre une altération évidente : il faut lire non pas *terrage* mais *tésage* ou *tésaige*. Les comptes de de l'Hôtel-Dieu d'Orléans des xivᵉ et xvᵉ siècles, mentionnent chaque année des achats de cercles qui sont appelés jusqu'en 1390, *circuli magni et parvi tesagii*, à partir de 1390 où l'on commença à rédiger ces comptes en français, *cercles de grand et de petit tésaige*. De *teise, toise*, bas lat. *tesia*. du lat. *tensus*. III, 124.

TEXIER, xvᵉ s. Tissier, tisseur, tisserand : « Jehan Pilleboe, texier en toiles. » *Texeur*, bas lat. *textator*, du lat. *textor, texere, textum*. II, 547.

THOIL, TOIL, THOUEIL, TOEIL, TONEIL, xvᵉ s. Poisson de mer, tarifé au cent dans les pancartes de péages. II, 215, 231 ; III, 299.

THOUEIL, v. thoil.

TIENG, xivᵉ s. Tiens, impér. de tenir. II, 194.

TIEULLE, v. atieulle.

TIRER, xviᵉ s. Ramer : « pour faire siéges aux compaignons desdicts tirotz, xxxs. iiij d. t. ; — commandement auxd. compaignons de venir servir ledit seigneur à tirer les tirotz. » Les *tirotz*, dont il s'agissait, étaient-ils des bateaux remorqueurs descendant la Loire et conduits à la rame (v. tirot, 2.) ? Dans ce cas, les compagnons qui les conduisaient, les *tiraient*, ne pouvaient être que des rameurs, d'où suivrait que *tirer* était ici synonyme de *ramer*, cf. Du Cange vᵒ *tirator*. Bas lat. *tirare*, angl. *tear*, all. *zerren*, tirer, arracher. II, 550. V. tiroter.

TIRER A TOUE, xvᵉ s. Remorquer : « a Jehan de Lève, voiturier par eau, pour avoir esté, par luy et plusieurs autres compaignons, jusques à Combleux et d'ilec avoir tiré à toue la galiote de mondit seigneur le Duc. II, 344.

TIRER (SE), xviᵉ s. Se retirer, se rendre, aller dans un lieu, près de quelqu'un, au figuré s'adresser, avoir recours à quelqu'un : « pourquoy lesd. manans s'estoient tirez devers le Roy nostre Sire. » III, 135. V. traire (se).

TIROT, xviᵉ s. Qui sert à tirer. — 1. Le bateau qui dans un train de remonte est accroché au bateau mère et traîne à sa suite les autres bateaux : droit prétendu par le fermier du péage de Chaumont « non-seulement sur les sentines mères, mais encore sur les tirots, sous-tirots et autres alléges. » — 2. Bateau de rameurs qui donnait la remorque à un autre, particulièrement employé pour la remorque des galiotes ou bateaux frétés par les voyageurs de distinction descendant la Loire : « iiij ˣˣ xviij l. t. pour quatre vingt dix huit compaignons mariniers, qui ont vacqué chacun quatre journées aux tirotz à conduire le Roy nostre Sire, la Royne ma Dame, avec leur bande, de ceste ville d'Orléans jusques à Bloys;—lij s. vj d. t. pour cinquante deux livres de funains qui ont esté pris par l'ordonnance des eschevins pour servir ausd. tirotz. » Tirot était aussi le nom du palonnier de la charrue, Du Cange. De *tirer*. II, 550, 552; III, 196. V. tiroter, tirer, funains.

TIROT, XVIᵉ s. Bateau tiré par un autre, allége, à la remonte : « deux grands batteaux mâtés et deux tirots chargés de sel. » De *tiroter*. II, 88. V. ci-dessus tirot et tiroter.

TIROTER, XVIᵉ s. Traîner, remorquer un bateau au tirot, à la toue : « pour les faire mener (deux bateaux) et tiroter par la Loire. » De *tirot*. II, 554. V. tirot, sous-tirot, toue.

TIROTS, XVIIᵉ s. Deux longues poutres posées parallèlement à terre et formant chantier sur lequel on faisait glisser des pièces de vin : « pour l'entretènement de deux grandes pièces de boys de la longueur de quarante à cinquante pieds que le debtenteur dud. moulin fournissoit et entretenoit, pour passer par-dessus la chaussée desd. moulins les vins qui dessendoient audict Boron, lesdictes deux pièces s'appeloient les tirots dud. Boron. » De *tiroter*, tirer, vraisemblablement par ce qu'on faisait rouler ou glisser les futailles sur ces pièces de bois en les tirant avec des cordes. II, 83. V. tiroter.

TOEIL, v. thoil.

TOILLE, XVIᵉ s. Toile, voile de bateau : « la corde de la toille. » Du lat. *tela*. II, 455.

TOILLE, XVIᵉ s. Laize de toile employée à la confection d'une voile d'où : « bateau de neuf à dix toilles, » pour bateau dont la voile a neuf ou dix laizes en largeur; manière de désigner l'importance du bateau. II, 463.

TOLLE, TOLLY, XVIᵉ s. Tribut, droit, péage, levé sur les marchandises passant par eau : « droict appellé la mine à sel ou sallage, auquel l'évesque d'Orléans prétend avoir la tierce partie au moyen d'un droict appellé la tolle; — c'est le droict du péage que le Roy, comme comte de Bloys, prend sur toutes marchandises montans et baissans par la rivière de Loyre, à cause de son grand port de Bloys, droict de vicomté et tolly. » *Tolieu, tonlieu*, bas lat. *tol, toll, toill, tolletum, tello, telloneus, telon*, angl. *toll*, du lat. *teloneum, telonium*, du grec τελώνιον, τέλος. III, 140, 184.

TOLLIR, XVIᵉ s. Enlever, arracher, tirer des mains : « en s'efforçant de fait et de force me tollir lesdictes lettres. » Lat. *tollere*. II, 453.

TOLLY, v. tolle.

TOMBE, XVIᵉ s. Cercueil de pierre : « meulles à moulins et tombes, chacune, xj d. » Il s'agit ici des tombes ou cercueils de pierre, en forme d'auge qu'on retrouve tous les jours dans les anciens cimetières, ces tombes venaient en grande partie des carrières de l'Auvergne et du Bourbonnais d'où on les expédiait et dirigeait par eau sur les divers points du bassin de la Loire. Lat. *tumba*. III, 279.

TONEIL, v. thoil.

TONNEAU, XVᵉ s. 1. Vaisseau de bois cerclé employé particulièrement à la conservation et au transport des vins et liquides, de contenances diverses, équivalant à la pipe : « pour chacun tonneau ou pippe de vin vj d. t.; » double de la pipe : « pour chacun tonneau de vin contenant deux pippes, et chacune pippe contenant deux poinçons, de commandise xv d. de péage v d. » 2. Poids d'un tonneau de vin : « tonneau poisant, de plastre, iiij d. t. ; — pierres poisant la pesanteur d'un tonneau de vin iiij d. t. ; — pour tonneau d'huile, autre que d'olive, poisant un millier, iij s. iiij d. t. » *Tonne, tone, tine*, vaisseau de bois à mettre vin. Du lat. *tina ?* BURGUY. III, 72, 98, 180, 210.

TONNELAGE, xviii° s. Droit levé sur les tonneaux, les vins enfûtés. De *tonne*, bas lat. *tuna*, du lat. *tina*. II, 259. V. tonneau.

TORCHE, xvi° s. Faisceau, paquet, botte : « de chacun cent de torches d'ouzier, quatre torches. » Par extension, de *torche, torchon* (de paille), tresse, lien à l'aide duqnel le faisceau était maintenu. De *torser*, tordre, ital. *torcere*, du lat. *torquere, torsus*. Cf. *Torcha, torchia, certus coriorum numerus, idem quod tacra*, DU CANGE. III, 141. V. tacre.

TORÇONNIÈRE, xv° s. Tortionnaire. Du lat. *torquere*. III, 273.

TOUAGE, xvi° s. Droit levé sur les bateaux : « défense à tous fermiers des péages et autres touages. » De *toue*, v. ce mot. II, 49.

TOUAILLE, xvi° s. Étoffe de soie, nappes et ornements d'autel en soie : « touailles ou fil d'inde, le fardeau, xii d. » Cf. DU CANGE sous *toacula*. III, 199. V. touelle et fil d'inde.

TOUASE, xvi° s. Toise, longueur des bras étendus. De *toiser, teiser, teser*, tendre, étendre, du lat. *tensus*. III, 306.

TOUE, THOUE, xv° s. Bateau étroit, disposé de la même façon à chaque bout, de dimensions diverses ; employé pour la remorque, le balisage, la pêche, le passage d'une rive à l'autre, affecté au service de canot des trains, chalands et grands bateaux en marche. De *touée, thoue*, bas lat. *thouma*, all. *tau*, holl. *touw*, angl. *tow*, câble,

corde, remorque, amarre, qui a donné *touer*, haler, remorquer, amener à soi. Le batelet, faisant sur la Loire office de canot, qui a reçu le nom de *toue*, était en effet, est encore particulièrement employé à touer, c'est-à-dire : à tirer sur la *touée* pour la remorque du chaland, à porter la *touée*, à la rive pour le halage, aux boucles d'amarre des piles de ponts, sur tous les autres points où le demandent les manœuvres. Cf. DU CANGE sous *thauma*. II, *passim*. V. tiroter.

TOUELLE, TOILLE, xvi° s. Nappes, serviettes, linge : « toille, le fardeau cordé, xij d. ; — pour chacun paquet de toille xvj d. t., pour pacquet de touelle, iiij d. t. » Ces articles, tirés des pancartes des péages d'Amboise et de Champtoceaux, semblent indiquer que les mots *toille* et *touelle* ou *touaille* n'étaient point synonymes mais s'appliquaient, l'un à la toile en pièce, l'autre à la toile convertie en linge à usages domestiques. *Touaille, toaille, touaillon*, bas lat. *toalia, toacula, toagula, toalhola*, du lat. *tela*, toile. III, 199, 306.

TOUINE, xvii° s. Poisson de mer, tarifé au poinçon dans les pancartes de péage, le même probablement que le *toil*. II, 247.

TOURSTERRIER, TOURTERRIER, xv° s. Engin avec treuil, servant au balisage : « faire arracher les boys au tourterrier. » De *tourte*, arbre de roue, cylindre, bas lat. *torta*, cf. *tornum*, cabestan, du lat. *tornus*, tour. III, 427. V. trousse.

TOURTERIER, v. toursterrier.

TOUS JOURZ MAIS (A), xv° s. A toujours-jamais, pour toujours, à jamais. II, 7.

TOUTEVOIES, xiv° s. Toutefois. Ital. *tuttavia*. II, 72 ; III, 279.

TRAFIQUER LA LOIRE, xv° s. Trafiquer, faire le commerce sur la Loire : « les marchands trafiquants ladicte rivière. » Bas lat. *trafficare*, ital. *trafficare*, du lat. *trans* et *facere*. III, 234.

TRAICT, TRAITE, xv⁰ s. Trait, charge d'un cheval attelé, poids, quantité déterminée d'objets de ferronnerie, de chaudronnerie, de batterie de cuivre ou de fer, d'ustensiles de cuisine et grosse quincaillerie, le millier pesant de ces objets : « pour traict de batterie, et doit avoir audit traict un millier, » ailleurs, « six cens poisant. » De *traict*, corde ou courroie au moyen de laquelle le cheval de voiture tire sur le palonnier. Le trait était un mode d'emballage, de mesurage, particulièrement affecté à la marchandise dite *batterie*. Bas lat. *tractus*, du lat. *trahere*, *tractum*. III, 198, 242, 279. V. cotte.

TRAICTE, TRAITE, xvi⁰ s. Tribut, péage levé sur les denrées et marchandises transportées d'une province dans une autre, importées (traite foraine), exportées (traite domaniale). De *traicte*, transport, exportation de marchandises, d'argent, bas lat. *tracta*, par syncope du lat. *trajecta*. III, 245, 246, 315.

TRAIRE (SE), xv⁰ s. Se retirer près de quelqu'un, se présenter devant le juge, le roi, recourir à lui : « lequel Guiet s'est trait devers vous ou votre lieutenant et s'est opposé... » Du lat. *se* et *trahere*. III, 151. V. tirer (se).

TRAITE, v. traict et traicte.

TRANCE, xvi⁰ s. Tronc, pied d'arbre. *Tronce*, *tronche*, du lat. *truncus*. II, 451.

TRANCHOUER, TRANCHOIR, xvi⁰ s. Plat de bois, d'étain, sur lequel on coupait, on tranchait les viandes, assiette. Le tranchoir de bois était tarifé au millier et à très-bas prix dans les pancartes de

péages, ce qui montre combien son usage était répandu. C'était l'assiette commune tandis que le tranchoir d'étain était de luxe : « pour chacun millier de tranchouers ou escuelles de bois, ij d. t. » De *trancher*, *trencher*, bas lat. *trencare*, qu'il est difficile de ne pas faire dériver du lat. *truncare*. V. BURGUY. III, 72. V. tailloir.

TRAPASSER, v. trespasser.

TRAQUE, v. tacre.

TRAULTE, xvi⁰ s. Pièce de bois équarrie, chevron, petite poutre employée comme traverse, peut-être comme pied, poteau : « tables garnyes de traultes et bancselles. » *Travete*, *trabatel*, bas lat. *trabetus*, du lat. *trabecula*, *trabs*, petite poutre, poutre. II, 552.

TRAVELLER, xv⁰ s. Travailler, traverser, tourmenter, chicaner : « pour plus traveller lesd. marchans. » III, 67.

TRAVERS, xv⁰ s. 1. L'action d'aller d'un point à un autre en coupant ou franchissant un espace déterminé, une ligne séparative ; la distance, le trajet d'un bord à l'autre d'une rivière : « la charrière du travers de Loire. » 2. Tribut péager levé sur voyageurs ou marchandises traversant une ville, passant un port, une île, un château, sous un pont : « les seigneurs qui se disent avoir péage, travers et autres devoirs. » Du lat. *transversus*. III, 2, 9, 117.

TRAVERSAIN, TRAVERSIN, TRAVERSIER, xv⁰ s. 1. Merrain destiné à la confection des vaisseaux cerclés, à la confection des poinçons particulièrement : « pour chacun millier de mesrean de grand boys fourny, qui est dix cens doilles et cinq cens de fonds, xv d. t., et pour chacun millier de traversain à faire poinssons, fourny de treize cens doilles et de six cens et demy de fond, vij d. ob. t.; — sur millier de traversin à faire poinsson, vij d. t. » — 2. Fût à mettre liquides, le fût fait avec des traversins, poinçon : « pour tonneau vj d. t., traversin, poinçons, fillette à l'équipolent ; — les cendres de fouyer, le tonneau ij s., le traversin xij d. » Cf. *traversin* en notre mém. s. la valeur des denrées à Orléans, tabl. xxxvi. Bas lat. *traversenum*, du lat. *transversarium*. Nom qui a dû être donné d'abord au merrain de douves et fonds à faire poinçons, qui sont en effet des pièces posées transversalement, et plus tard au fût lui-même. II, 73, 231, 539 ; III, 63, 121, 125, 180.

TRAVERSAINE (coutume), xvi° s. Droit de *travers*, de péage sur les marchandises traversant, passant devant le bureau du péage, franchissant la barrière réelle ou fictive qui était le signe et la manifestation du droit du péager. III, 288. V. travers.

TRAVERSÉ, xv° s. Objet qui a été transporté d'un point à un autre, qu'on transporte d'un point à un autre : « aides touchant lesd. denrées menées, passées ou traversées, par lad. rivière de Loire » De *traverser*, transporter. III, 154. V. travers et traversaine.

TRAVERSIEN, TRAVERSIER, XVI° s. Traversin de lit. III, 342, 346. V. traversain.

TRAVERSIER, v. traversien et traversain.

TRAVERSIN, v. traversain.

TRAYNE, xvi° s. Pièce de bois équarri, poutre. *Traine*, bas lat. *traina*, du lat. *trabes*. III, 342.

TRÉBUCHEMENT, xv° s. Chute. De *trébucher*. III, 150. V. cheoite.

TRÉBUCHER, xv° s. Renverser, jeter à terre : « trébuché (le pont d'Orléans), par les glaces. » *Trabucher*, bas lat. *trebucare*, *trabucare*. II, 78, 149.|

TREDON, xvii° s. Le treuil des grues à arracher les pieux fichés dans le lit des rivières : « pour la vente d'un câble de dix toises et deux marderolles (cordes) du tredon, pour servir au grand angin mené pour arracher les paulx du duict de Sully. II, 496.

TREHU, TREU, xiv° s. Tribut, impôt. *Treheu*, *treud*, contract. du lat. *tributum*. III, 236, 265. V. truage et voiaulté.

TRENTIN, xvi° s. Durée de trente jours consécutifs : « et aussy du droit de doublage à prendre sur chacun desdits batteaux, durant le trentin de saint Charlemagne, à icelui commencer le lendemain de saint Julien du Mans, trente jours durant. » De *trente*. III, 286.

TRÉPASSER, v. trespasser.

TRESPAS, xv° s. 1. Passage, par eau ou voie de terre, devant un point déterminé. 2. Péage levé en raison de ce passage. 3. Point, lieu de passage : « chacune pipe amenée d'aval par le trespas de Saint-Nazaire, doit viij s. i d. ob. » Bas lat. *trepassus*, de *trespasser*. III, 235. 313. V. ci-dessous, trespas de Loire.

TRESPAS DE LOIRE, xv° s. 1. Passage des bateaux par la Loire, dans les limites du duché d'Anjou. 2. Péage levé sur les bateaux et marchandises passant par la Loire, dans lesdites limites. III, 237. V. trespas.

TRESPASSER, TRÉPASSER, TRAPASSER, xvi° s. Aller au-delà, passer, passer outre, dépasser, notamment passer par eau devant un point déterminé du rivage. *Très*, *tra* et *pas*, lat. *trans* et *passus*. III, 89, 199.

TREU, v. trehu.

TRICQUET, v. tricquot.

TRICQUOT, TRICQUET, xv° s. Tricot, triquet, trique, section d'une branche d'arbre, d'une tige de jeune arbre, morceau de bois, bâton, échalas, piquet : « pour des tricquots qui ont esté mis pour trois aultres chevallets ; — merrien de tricquet. » Ancien all. *streicken*, frapper, angl. *strike*. II, 426.

TRINIÈRE (LA), xvıᵉ s. La Trinité, ville ou bourg de Bretagne où se fabriquaient des draps, la Trinité de la Lande-Luzac, près Ploërmel, la Trinité de Clisson, près Clisson ou la Trinité de Machecoul, au duché de Retz : « pour pièce de drap de Jousselin, ij s., pour pièce de drap de la Trinière, xij d. » Cf. *trin*, trinité : « mon Dieu trin en éternité, » ROQUEFORT. Du lat. *trini, trinitas*. III, 315.

TROUAIGE, v. truage.

TROUSSE, xvᵉ s. 1. Carquois : « pour artillerie de guerre, comme lances, ars (arcs), trousse. » De l'ensemble des traits, des flèches contenus dans le carquois et formant *trousse*, faisceau. 2. Lot équivalent à une charretée de billes de bois d'ébénisterie : « millier de bois de moule, trousse ou chertée de bois de noyer, cormier, poirier et autres, v d. t. » 3. Faisceau, botte : « la douzaine de trousses de foin, iij d. » 4. Paquet, ballot : « tous draps de laine, la pièce, ij d., la trousse, iiij d. » Bas lat. *trossa*, par extension de *tros, trus, trox, trux*, morceau, tronçon ; en Poitou, *troi*, bâton, ital. *torso*, du lat. *thyrsus*. II, 230, 246 ; III, 57, 124, 198.

TROUSSE, xvᵉ s. Corde de grue, d'engin à arracher les pieux fichés dans le lit des rivières : « trousse avec toursterriers à lever les boys ; — neuf poulyes de métail de cuyvre et deux trousses avec quantité de cassées. » *Trousse*, la corde passée sur une poulie de lucarne de grenier à l'aide de

laquelle on enlève des bottes de foin, RICHELET, par extension, de *trousse*, botte de foin, plusieurs bottes de foin liées ensemble. II, 427, 455. V. ci-dessus trousse.

TRUAGE, TROUAIGE, xvᵉ s. Tribut, impôt. Syncope de *tributage*, bas lat. *truagium*. Cf. ci-dessus, *trehu*. II, 13, 365 ; III, 2. V. nouvelleté.

TRUETZ, xvᵉ s. : « Truetz, foupes, chardon, sonnace, seing de harenc, convers, chevennes et sardille, dépry. » Des huit espèces de denrées ou marchandises mentionnées dans cet article de pancarte de péage, les cinq dernières appartiennent à la classe des salaisons et menus poissons, ce qui porte à penser que les trois premières lui appartiennent également. Cette supposition devient particulièrement admissible en ce qui est de la marchandise de *chardon*, le mot *chardon* étant le nom d'un poisson, aussi bien que celui de la plante qui sert à peigner les draps ; mais il n'en est pas de même à l'égard des mots *foupe* et *truetz* qui ne se rapportent à aucun nom connu de poisson. *Foupe*, pourrait être un dérivé de *fourpir, foupir*, délustrer, chiffonner et vouloir dire chiffons, guenilles, fripes, *truetz* se rapproche de *truau*, filet, et pourrait vouloir dire vieux filets, deux sortes de marchandises qui ont de l'analogie et qui n'avaient comme le chardon (plante) luimême, qu'une faible valeur, par où s'expliquerait leur présence dans un article qui affranchit du péage? La présomption néanmoins paraît être que *truetz, foupe, chardon*, sont ici des noms de poissons. III, 220. V. foupe, au suppl.

TURCIE, xvıᵉ s. Digue, chaussée en rivière, ou sur le bord d'une rivière, terre entremêlée de *gaulles* avec revêtement de pilotis assemblés par des traverses en planches. II, 486. V. turcyes.

TURCYES, xvɪᵉ s. Levées de la Loire. De *turgeault, tureau, tu-* *reault, turée, turet*, bas lat. *tu-* *rella*, élévation de terrain, du lat. *turris*. II, 467.

U

UNIVERSAL, xvᵉ s. Universel. Lat. *universalis*. III, 154.

UNZAINE, v. onzaine.

USTIL , xvɪɪᵉ s. Outil. *Util, ostil*, bas lat. *ostilarium*. Cf. Du Cange, vᵒ *usibilia,* ustensiles. III, 503.

USU, xvᵉ s. Usé, partic. du verbe user : « nos maîtres en ont ainsi usu tout le temps passé. » Du lat. *uti, usus*. III, 65.

V

VAISSEL , vessel, xvᵉ s. Vaisseau, bateau. Lat. *vascellum, vasculum*, dimin. de *vas*. III, 66, 276.

VAIVAIN, xvɪᵉ s. Vavain, gros câble de rivière. II, 485.

VAL (A), xvᵉ s. En bas, vers le bas du val, de la vallée, à l'opposé de la montagne, du côté du confluent d'une rivière ou de l'embouchure d'un fleuve, dans la direction d'un cours d'eau : « muy de bled mené à mont, et à val jusques à Amboise. » Id. dans la vallée de la Saône : « pour aller d'amont à val ou d'aval à mont, » (P. S. 124). De *à* et *val*, lat. *ad* et *vallem*. II, 213. V. avaler.

VÉAIGE , xvɪᵉ s. Voyage. *Véage.* bas lat. *veagium, viagium,* du lat. *viare*, faire route. II, 315.

VER, xvɪᵉ s. Vair, varié, de plusieurs couleurs, sorte de fourrure. Du lat. *varius*. III, 126.

VERDON, xvɪᵉ s. 1. Cordes minces et courtes servant à attacher les voiles aux vergues. 2. Corde légère, cordeau, servant au halage à col ; aujourd'hui encore c'est le nom donné à la corde de halage sur certains canaux, sur la Loire on l'appelle *sincenelle*. II, 427.

VERGE, xvɪᵉ s. Mesure de longueur, appliquée à l'aunage des toiles écrues qu'on tissait en Bretagne, la même mesure que l'aune, Richelet. Du lat. *virga*. C'était aussi le nom de la baguette dont on se servait pour mesurer les liquides en fût, d'où *vergier*, jauger, *vergeur*, jaugeur. III, 316. V. crée.

VERNAU , xvɪᵉ s. Gaîne, formée de madriers fixés verticalement, dans laquelle s'emboîte le mât des bateaux de la Loire. III, 102.

VERNELLE, xvɪᵉ s. Venelle, petite voie, sentier, chemin étroit, bordé de haies, de maisons, ruelle. Bas lat. *venella, venela*, dimin. de *vée*, chemin, du lat. *via*. II, 461. V. devée.

VESSEL, v. vaissel.

VEUE, xvᵉ s. Vue, examen, enquête, expertise dans un procès, sentence préparatoire. Bas lat *veuta, visus*, du lat. *videre, visum*. II, 6. V. induce.

VILENER, xvᵉ s. Vilainer, faire des vilenies , maltraiter : « ledit de Craon menace de les injurier, vilener et dommagier. » *Vilaner,* bas lat. *vileniare,* de *vilain, vil-*

lanus, habitant des champs, mot qui avait pris la signification de grossier, brutal, du lat. *villa*. III, 274.

VINAGE, xviii° s. Droit sur les vins pressurés au pressoir banal, sur les vins transportés, passant par terre ou par eau. Bas lat. *vinagium*, du lat. *vinum*. II, 259.

VINDRENT, xv° s. Vinrent, parf. de l'indic. du verbe *venir*. II, 540.

VIRON, xv° s. Environ, à peu près : « en la ville d'Orléans, comme étant la plus commode et assise viron le milieu de la navigation desdites rivières. » De *vironner*, tourner autour, s'approcher, et *virer*, bas lat. *virare*. II, 227.

VISITACION, xvi° s. Visite : « visitacions des rivières, » par les délégués des M. F. chargés de pourvoir au balisage. Lat. *visitatio*. II, 40, 41, 53.

VITAILLE, xvii° s. Victuaille. Droit de — péage levé, en aval de Nantes, sur les vivres embarqués pour la nourriture de l'équipage. Bas lat. *vitalia*, *victualia*, du lat. *victus*. III, 313. V. brieulx.

VOIAULTÉ, xv° s. Droit de péage, tribut levé sur les marchandises transportées, les personnes faisant route par terre ou par eau : « ung treu ou autre exaction que on dit estre nommé voiaulté. » Du lat. *viare*, *viatum*. III, 265. V. véaige.

VOICTUREUR, xvi° s. Voiturier, voiturier par eau. *Voituron*, de *voicturer*, du lat. *vectare*, *vectorem*, *vectura*. II, 228.

VOIDE, v. gousde.

VOILLAGE (droit de), xvi° s. Péage levé sur les bateaux à voiles. De *voille*. voile, lat. *velum*. III, 279.

VOITURAGE, xvi° s. Transport de marchandises par voiture. De *voiture*, bas lat. *voictura*, du lat. *vectura*, *vectio*. III, 187.

VOLET, xvi° s. Objet assimilé au *tranchoir* dans un article de la pancarte du péage Sully qui est ainsi conçu : « le millier de volets ou tranchouers, iiij d. p. » Vraisemblablement une sorte d'assiette, peut-être d'assiette creuse, d'écuelle. Cf. *vole*, *veule*, creux de la main, du lat. *vola* et encore *volet*, nom donné en Berri (JAUBERT) au nénuphar dont la feuille circulaire et étalée a l'apparence d'une assiette ou d'un plat. *Voleti*, dans les comptes de l'Hôtel-Dieu d'Orléans (xive s.), objets achetés pour l'usage de la maison et qui ne sont pas des *voleti*, *volets*, petits voiles, de *velum* (DU CANGE), car ils figurent dans la dépense commune, *expensa communis*, et non au chap. des dép. de vêtements ou d'étoffes. III, 120. V. tranchouer.

VOUEZ, xiv° s. Voix, rumeurs, renommée : « et en est vouez et commune renommée. » *Vois*, *vuiz*, *voiz*, du lat. *vox*. III, 400.

Y Z

YSSIR, v. issir.

YSSOT, v. huisset.

YSTRE, xv° s. Sortir, provenir de : « pour des deniers qui ystroient d'icelui (péage), faire édifier une tour audit lieu de Cépoy. » *Yssir*, *issir*, *eissir*, du lat. *exire*. III, 134. V. issir.

ZÉDOUART, CITOUART, xvi° s. Zédoaire, plante aromatique : « citoüart ou zédouart. » *Citoual*, bas lat. *zedoaria*. II, 248.

ARTICLES OMIS.

ATENU (être), xiv° s. Etre tenu à.
III. 395.

AUCENCION, xiv° s, Assentiment,
adhésion, aveu : « en telle manière qui doit valloir et suffire
quant à avoir l'aucencion du procureur dudit Mons' (le comte de
Blois). » *Acence*, bas lat. *assen-
tia*, du lat. *assentio, assentatio.*
III, 400.

CHERTÉE, xv° s. Charretée. Du
lat. *carrus*, chariot. II, 246. V.
trousse.

ESPEUR, xvi° s. Le millier d'es-
peurs de six piedz font cinq charretées sangles, et le millier de
quatre piedz, trois charrettées. »
L'article de la pancarte du péage
d'Amboise, d'où ce passage est
extrait, s'applique au transport
du *marrain où coignée a couru*,
le millier de *douelles*, de *fons*,
d'*espeur*. y sont successivement
tarifés. D'où il faut conclure que
l'*espeur* était un ais dégrossi,
moins large que la *douelle* car le
millier de *douelles* de quatre
pieds représentait cinq charretées,
tandis que le millier d'*espeur* de
même longueur ne représentait
que trois charretées. III, 198,
404.

FOUPE, xv° s. Pourrait vouloir dire
fripe, chiffons, de *foupir*, délus-

trer, faner, chiffonner une étoffe,
si la place de ce mot dans un
article de pancarte de péage qui
paraît spécial aux menus poissons, ne faisait supposer qu'il est
le nom d'un de ces poissons. Peut-
être faut-il lire *poulpe, pourpe,*
petit poisson de mer dont on se
nourrit, bas lat. *polypus.* III, 220.
V. chevenne et truetz.

IMPUGNER, xvii° s. Attaquer, contester, contredire un écrit. Du lat.
impugnare. III, 381.

MARCHECOUL, xvi° s. « Et s'il y a
plus de six muys de sel, en ung
chalan, est deu pour le marchecoul, iij s. vi d. » Peut-être la
planche appelée aujourd'hui *mar-
chepied*, jetée de l'arrière du ba-
teau-mère d'un train de remonte,
à l'avant du tirot ou de l'allège
qui le suit, pour servir au passage
d'un bateau dans l'autre. III, 278.
V. mère et tirot.

MARRAIN, xvi° s. Merrain. III, 178,
404. V. espeur et merrien.

MESREAN. xv° s. merrain. V. traversin et merrien.

RENDRE, xv° s. Répondre, déclarer : « lequel Guillaume de Nyeul
me rendit qu'il estoit commissaire
de par le Roy. » Du lat. *reddere,*
répondre. III, 302.

SERGHE, xv° s., v. cerche.

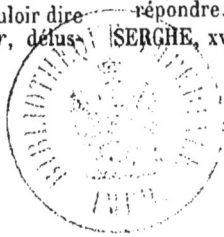

www.ingramcontent.com/pod-product-compliance
Lightning Source LLC
Chambersburg PA
CBHW070929280326
41934CB00009B/1802